CliffsNotes™

다락원
명작노트
041

워더링 하이츠

Wuthering Heights

에밀리 브론테

다락원 WILEY
Publishers Since 1807

세계의 교양을 읽는다

고전을 왜 읽는가?

인간의 삶과 세상에 대한 영원한 물음이 있기 때문이다. 시대와 사상을 뛰어넘어 지금 여기 우리에게 필요한 물음이 없는 고전은 더이상 고전이 아니다. 인간과 삶에 대한 근원적인 물음 없이 고전을 읽는다면 자신과 인간에 대한 성찰과 지혜로 이어지지 않는다. 논술 시험 때문에, 과제물 때문에, 아니면 남들이 읽으니까, 나도 읽는다는 식이라면 그 책은 죽은 책일 수밖에 없다.

고전을 살아 있는 책으로 만드는 이 '물음!'에 답하기 위해서는 좋은 길잡이가 필요하다. 40년 이상 미국의 고교생과 대학 주니어들이 시험, 에세이 작성, 심층토론 준비를 위해 바이블처럼 애용해온 'CliffsNotes'와 'SPARKNOTES'는 바로 그런 좋은 길잡이의 표본이다. 이 두 시리즈가 원조 논술연구모임인 '일이관지(一以貫之)' 팀의 촌철살인적 해설을 곁들여 〈다락원 명작노트〉로 재탄생해 논술로 고민중인 대한민국 학생 여러분을 찾아간다.

CliffsNotes와 SPARKNOTES의 가장 큰 장점은 방대하고 난해한 고전을 Chapter별로 요약하고 분석해서 원전의 내용에 보다 쉽고 체계적으로 접근하는 신속·간편성이라고 할 수 있다. 여기에 '一以貫之'팀이 원전의 중요한 문제의식, 즉 근원적 '물음'은 무엇이며, 그 '물음'은 오늘날에도 여전히 유효한가, 라는 질문을 다시 던진다.

대입논술로 고민하고, 자칭 타칭의 고전이 넘쳐나는 오늘의 독서풍토에서 지적 정복이 긴박한 대한민국 학생들에게 감히 이 시리즈를 자신있게 권한다.

一以貫之 논술연구모임 연구실장 이호곤

CliffsNotes와 SPARKNOTES는 방대한 원작을 보다 쉽게 이해할 수 있도록 돕는 안내서입니다. 원작 이해를 돕기 위해 작가와 작품에 대한 배경지식, 그리고 매 장마다 간단한 '줄거리'와 '풀어보기'가 실려 있습니다. '줄거리'를 통해서는 원작의 내용을 명쾌하게 파악함으로써 독서의 즐거움을 느낄 수 있을 것입니다. '풀어보기'에는 원작에 담긴 문학적 경향, 등장인물의 심리상태, 시대상, 주제 등을 설명해 놓았습니다. 비판적 글읽기의 바탕이 되는 요소들이죠. 비판적 글읽기는 소설과 비소설 작품을 막론하고 책을 읽을 때 꼭 필요한 자질입니다.

그 밖에도 작품을 좀더 심오하게 분석할 수 있도록 '마무리 노트', 'Review' 등을 마련해 놓아 독자 여러분의 글읽기를 돕고 있습니다.

CliffsNotes에는 특히 관심을 갖고 읽어야 할 필수요소를 강조하기 위해 다음 네 가지 아이콘을 사용하고 있습니다.

 작품 속에 내재된 주제를 드러내줍니다.

 등장인물의 속내를 알 수 있도록 도와줍니다.

 배경, 분위기, 열정, 폭력, 풍자, 상징, 비극, 암시, 불가사의 등의 요소를 밝혀줍니다.

 단어와 문구의 미묘한 느낌을 감상할 수 있도록 해줍니다.

* 〈   〉는 장편소설, 중편소설, 논픽션, 시집. "   "는 수필집, 단편소설

❍ 일이관지(一以貫之) 논술 노트

권말에는 一以貫之 논술팀에서 작성한 논술 노트가 실려 있습니다. 원작을 우리의 삶과 연계시켜 비판적 사고와 논리적 글쓰기의 방향을 제시합니다.

❍ 실전 연습문제

실전 연습문제를 통해서는 원작을 바탕으로 출제 가능성이 높은 논점을 함께 숙고해 봅니다.

작가
노트

작가의 생애

"〈워더링 하이츠 *Wuthering Heights*〉[*]는 이상야릇한 책이다. 기존의 모든 일반적인 비평을 무색하게 만든다. 일단, 책을 읽기 시작하면 끝내지 않고는 배길 수가 없고, 읽고 나서는 제쳐두고 아무 말도 하지 않는 것 역시 불가능하다."

더글러스 제럴드 위클리 지의 이 기사는 에밀리 브론테 Emily Bronte의 소설에 대한 세상의 첫 번째 평이었다. 그 기사는 이렇게 끝맺고 있다.

"이 책이 어떤 종류의 책인지를 결정하는 것은 독자의 몫으로 남겨두어야 한다."

찬사라고 할 만한 이 결론은 소설 〈워더링 하이츠〉뿐만 아니라 작가까지도 포함하는 말이다. 따라서 브론테가 어떤 작가인지에 대한 판단은 독자에게 달려 있다. 그리고 브론테

---

[*] 캐서린과 히스클리프의 사랑 이야기를 연상케 하는 '폭풍의 언덕' 대신, 1998년 서울대 유명숙 교수의 번역판 이후 '워더링 하이츠'를 제목으로 쓰는 경향이 늘고 있습니다. '워더링 하이츠'가 언덕의 이름이고, 작품 내용도 두 사람의 사랑보다는 언쇼 가와 린튼 가에 대한 히스클리프의 복수를 다루고 있기 때문입니다.

가 어떤 작가인지 알려면 얼마 안 되는 가족사, 시 몇 편, 그리고 단 한 편뿐인 이 작품을 바탕으로 추측하는 수밖에 없다.

에밀리 브론테는 1818년 7월 30일, 영국 요크셔의 손튼에서 어머니 마리아 브랜웰 브론테와 아버지 패트릭 브론테 목사의 6남매 중 넷째로 태어났다. 에밀리가 두 살 때 가족은 하워드로 이사했고, 처음으로 페나인 산맥자락의 황무지를 접하게 된다. 그리고 그곳에서 서른 살의 생을 마감할 때까지 살았다.

에밀리의 삶은 서로 상반되는 다양한 것들에 의해 형성되었다. 성직자였던 아일랜드계 아버지는 시와 문학성으로 명성이 높았다. 그리고 독실한 감리교신자였던 어머니는 에밀리가 겨우 세 살 때 세상을 떠났기 때문에 그녀가 어머니에 관해 아는 것이라곤 이모 엘리자베스에게 들은 것이 전부였다. 이모는 어머니가 돌아가신 후 6남매를 보살피면서 집안에 종교적 열의를 심으려 했지만 브론테는 이내 그것을 거부했다.

주위 환경은 에밀리의 인생과 작품에도 영향을 미쳤다. 하워드 마을은 황무지에 둘러싸인 외딴 지역이었고 에밀리가 알고 있던 유일한 세계였던 만큼 그녀의 하나밖에 없는 소설의 배경이 되었다. 에밀리는 자신의 삶과 비슷하게 〈워더링 하이츠〉에서 어머니가 없는 등장인물들을 설정한다.

글쓰기는 브론테 자매에게 큰 즐거움이었다. 언니 둘이 세상을 떠난 후, 남은 자매들은 앙그리아나 곤달이란 가상 세계를 만들고, 희곡과 시를 쓰기 시작했다. 이런 것들은 후에 세 자매의 시와 산문의 밑거름이 되었다. 은둔자적 성격의 에밀리는 학교에 갔지만 황무지의 집이 그리워 석 달도 못 되어 돌아오고 말았다.

그 이듬해인 1837년, 에밀리는 교편을 잡았고, 교사 일은 8개월간 이어졌으나 심적 부담감을 견디지 못해 집으로 돌아왔다. 1842년, 하워드에서 학교를 열기 위해 언니 샬럿과 함께 브뤼셀로 가 외국어와 학교경영을 공부했다. 어떤 교수는 "에밀리가 남자들에게도 평범하지 않은, 실제로 여성들에게는 드문, 논리적인 사고와 토론능력을 지녔다"고 평했다.

그러나 1843년 이모가 세상을 떠나자, 에밀리는 다시 하워드로 돌아올 수밖에 없었다. 아버지와 하워드의 목사관에서 지낸 시절은 에밀리에게는 창작의 시기였다. 처음으로 시를 쓴 것은 1836년이지만, 지금 전해오는 대부분의 시는 이 시기에 썼다.

저술활동

대부분의 작가들처럼 에밀리 브론테 역시 환경의 산물이다. 환경은 에밀리의 작품에 직접적으로 영향을 미쳤다. 그녀는 친한 친구 없이 신비주의에 푹 빠져 야외에서 고독을 즐겼다. 이런 요소들이 시와 〈워더링 하이츠〉를 아름답게 수놓는다. 사실, 현대의 많은 비평가들은 무엇보다도 〈워더링 하이츠〉에 나타나는 시적인 자연 묘사에 경탄하며, 에밀리 브론테를 시인으로서 침이 마르도록 칭찬한다.

1845년, 언니 샬럿은 에밀리가 그동안 써온 시 몇 편을 보고는 출간하자고 설득했다. 그리고 샬럿과 에밀리는 막내 앤과 함께 '커러 벨', '엘리스 벨', '액톤 벨' 등 남성의 이름으로 시집을 자비 출간했다. 가명은 각자의 본명에서 첫 글자를 따서 지었다. 이 시집은 고작 2부밖에 팔리지 않았으나 세 자매는 기죽지 않고 글쓰기를 계속했다. 이즈음 세 사람은 소설을 썼다.

밝혀진 바에 따르면, 〈워더링 하이츠〉는 1845년 12월에 쓰기 시작해 다음해에 끝났지만 〈제인 에어 *Jane Eyre*〉가 성공을 거둔 후인 12월에야 비로소 세상에 나왔다.

〈워더링 하이츠〉는 〈제인 에어〉만큼 성공적이지는 못했으나 현대 비평가들은 에밀리를 브론테 자매 중 최고로 꼽는다 열정과 증오에 대한 작가의 뛰어난 상상력이 가득 담긴 이 소설은 그 시대에는 지나치게 야만적이고, 동물석이며, 두박하다고 여겨졌지만 현대의 독자들은 생각이 다르다.

책이 출간되고 난 후 가을, 에밀리 브론테는 남동생의 장례식 때 걸린 감기가 폐로 번져 1848년 12월 19일, 결핵으로 삶을 마감했다.

시집, 〈제인 에어〉, 〈워더링 하이츠〉, 앤의 소설 〈애그

니스 그레이 *Agnes Grey*〉가 잇달아 출판됨에 따라 독자들은
세 명의 '벨'을 모두 한 작가로 생각했다. 그런 오해는 앤이
〈와일드펠 홀의 소작인 *The Tenant of Wildfell Hall*〉을 출간할
때까지도 계속되었다. 샬럿 브론테는 시와 일대기를 포함해
〈워더링 하이츠〉를 재발행했는데, 그 즈음, 에밀리와 앤은 세
상을 떠나고 없었다. 샬럿은 자기들이 벨이라는 이름을 어떻게,
왜 사용하게 되었는지 간략히 설명했고, 동생들의 생활에 대
해서도 조금 알려주었다.

작가가 세상을 뜨고 세월이 한참 흐른 뒤, 〈워더링 하
이츠〉는 영국 문학의 고전 가운데 하나가 되었다. 에밀리 브론
테의 책이 재발행된 이후, 이그재미너의 편집자들이 샬럿의
서문에 달아놓은 주석은 〈워더링 하이츠〉를 사랑하는 이들에
의해 자주 회자된다.

"전도유망한 작가에게 너무 이르게 다가온 역병이 진정 슬프
고, 좀처럼 보기 드문 고귀한 인물이 그토록 빨리 세상을 떠났다는
것이 아쉬울 뿐이다."

작품 노트

작품의 개요

〈워더링 하이츠〉는 출간 당시, 비평가들의 찬사도 대중적 인기도 얻지 못했다. 그러나 1847년 이후, 상황이 크게 달라졌다. 이제 비평가와 대중은 브론테의 유일한 소설에 찬사를 쏟아 붓고 있다. 빅토리아 사회는 〈워더링 하이츠〉에 나타난 폭력적 인물과 무자비한 사실성을 받아들이지 않았지만 그 이후의 독자들은 인간의 삶에 내재된 불미스러운 면을 더 널리 이해하며 수긍하고 있다.

〈워더링 하이츠〉에 공개적 찬사를 보낸 첫 인물은 에밀리 브론테의 언니 샬럿 브론테이다. 1850년, 샬럿은 〈워더링 하이츠〉 2쇄에 서문과 소개 글을 썼는데, 이것이 이 작품에 대한 최초의 비평이었다. 그러나 샬럿도 소설의 장점에 대해 전적으로 확신하지는 못한 듯, 히스클리프 같은 인물이 과연 필요한지에 대해 '굳이 권장할 만하다고는 생각하지 않는다'는 주석을 달았다.

샬럿의 주석은 빅토리아 시대의 독자들에게 소설 속의 모든 것을 전적으로 받아들이지 말고, 그저 소설 그 자체를 수용해 달라는 직접적인 호소일 수도 있다.

당대의 독자들은 내용의 어려움 외에도, 〈워더링 하이츠〉가 여성의 작품이라는 것을 받아들일 수가 없었다.(이 작품은 원래 엘리스 벨이라는 가명으로 출간되었다.)

이 작품은 두 가지 이유에서 중요한 의미를 갖는 현대 소설이다. 삶에 대한 솔직하고 정확한 묘사는 역사의 일면을 제공하고, 문학적 장점은 단순한 읽을거리가 아니라 수준 높은 문학으로서의 위치를 당당히 점하게끔 한다.

여성, 사회, 계급에 대한 묘사는 현대 독자들에게 낯선 시대를 들여다볼 기회를 제공한다. 세태는 2세기 전과 크게 달라졌지만, 사람들은 여전히 변하지 않았기 때문에 중심인물인 히스클리프와 캐서린뿐만 아니라 주변 인물들에게도 감정이입이 가능하다. 현실적인 등장인물들은 인간의 감정을 지닌 주체이기 때문에 〈워더링 하이츠〉는 그저 감성적인 로맨스 소설에 그치지 않는다. 삶의 표현이자, 사랑에 대한 수필이며, 인간관계를 들여다볼 수 있는 매개체다. 그리고 브론테의 문체, 상상력, 단어 선택에 찬사를 보내는 많은 비평가들은 〈워더링 하이츠〉가 실제 산문을 가장한 한 편의 시(詩)라며 경탄해 마지않는다.

힌 편의 시와도 같은 이 작품은 구조와 형식, 그리고 무엇보다도 두 쌍에 관한 이야기라는 특색이 있다. 두 집, 두 세대, 두 쌍의 아이들. 일부 비평가들은 2세대 등장인물들이 이끌어가는 내용을 첫 번째 이야기의 단순한 '바꿔 말하기'라면서 대수롭지 않게 보지만 그렇게 되면, 이 책의 제2부를 하찮게 여기는 꼴이 된다. 두 세대에 관한 두 가지 주요 줄거리는 각각 17장으로 구성되어 있다. 분명, 〈워더링 하이츠〉를 제대로 감상하려면 제2부에도 관심을 기울여야 한다. 특히, 제2부가 단지 '바꿔 말하기'가 아니라, 부활과 재탄생의 형태로 달라졌다는 점에 주목해야 한다.

이들 두 쌍은 대체로 대조를 이룬다. 가장 눈에 띄는 것은 두 집안, 워더링 하이츠와 스러시크로스 그레인지이다. 워더링 하이츠에는 바람이 세차고 황량한 황무지가 있고, 그곳에 사는 사람들의 성격 역시 마찬가지다. 정반대인 스러시크로스 그레인지에는 정돈된 정원이 있고, 사람들은 차분하다. 각각의 집에는 남자와 여자가 살고 있다. 독자들은 등장인물들의 생각, 말, 사건을 관찰하고, 비슷한 사람을 비교함으로써 그들을 들여다볼 수 있다.

이야기 구조 역시 주로 한 쌍의 관점에서 들려주고 있다. 록우드가 첫 장과 마지막 장을 이야기하면서 전체의 틀을 잡는다. 이 이야기의 골격 안에서 넬리는 관찰자적 관점으로 사건의 대부분을 구술한다. 사실, 독자들은 그 사건을 경험하기보다는 엿듣게 되는 것이다. 넬리의 이야기 중간 중간에는 또 다른 등장인물들의 관점으로 들려주는 이야기가 포함되어 있다. 이러한 기술은 독자들로 하여금 어떤 한 명의 화자(話者)와 함께하는 것 이상을 경험하게 해 이야기 속 당사자들의 시각을 엿보게 한다.

작품의 배경이 완전히 고립된 장소이기 때문에 관찰자의 역할이 간과되면 안 된다. 따라서 직접 혹은 간접적인 경험을 가진 그들만이 다른 이에게 이야기를 들려줄 수 있다. 워더링 하이츠와 스러시크로스 그레인지 사이에 놓인 황무지는 두 집을 이어주는 동시에 마을과 타인들로부터 격리시켜주는 이중의 목적을 가지고 있다.

이 고립된 무대는 브론테의 사실주의와 고딕적* 상징주의의 결합에 매우 중요한 의미를 지닌다. 브론테는 그것을 단순히 작품 속에서 재현하는 대신, 완전히 독창적인 이야기를 서술하는 발판으로 삼아 현실적이고 상징적인 등장인물들을 창조해냈다.

그리고 이렇게 탄생한 등장인물들을 통해 선과 악, 죄와 벌, 집착과 합리성, 분노, 이기주의, 분열과 화합, 혼돈과 순리, 자연과 교양, 건강함과 병약함, 반항, 그리고 사랑의 본질이라는 주제를 탐구한다. 주제들은 서로 독립적인 것이 아니고, 이야기가 전개되면서 뒤섞이고, 뭉쳐지고, 꼬인다.

〈워더링 하이츠〉는 계급구조에 관한 사회소설이자, 여성의 역학을 그린 책이기도 하다. 브론테는 신분이동이 항상 한쪽 방향으로만 이루어지지 않는다는 것을 보여준다. 모나 낮은 계급을 상징하는 캐서린의 경우, 사회계급은 결혼을 결정할 때 중요한 역할을 한다. 캐서린이 히스클리프가 아니라 에드가와 결혼하기로 한 것은 그런 이유 때문이다. 이사벨라

---

* **고딕적**(gothic): 문학에서는 '괴기적'이라는 의미.

의 경우에는 그 반대다. 그녀는 신분을 무시하고 거칠고 알 수 없는 히스클리프에게 끌리며, 그 집착 때문에 소중한 것을 모두 잃는다. 따라서 독자들은 등장인물을 판단하고 분석할 때, 사회적 신분만을 보아서는 안 되고, 특정 계급의 구성원이 어떤 결정을 내렸는지, 왜 그런 결정을 내렸는지를 알아야 한다.

표면적으로 〈워더링 하이츠〉는 일종의 사랑 이야기지만 좀더 깊이 파고들면 상징주의 소설인 동시에 심리 소설이라는 것을 알 수 있다. (예를 들면, 현대 독자들은 아동학대와 알코올 중독의 문제를 접하게 된다.) 사실, 이 작품은 특정 소설로 쉽게 분류할 수 없고, 그것이 에밀리 브론테의 글이 갖는 문학적 힘이다. 다각도의 관점에서 들려주는 소설은 쉽게 읽히면서, 다양하게 해석된다.

다른 유명 문학작품들과 마찬가지로 〈워더링 하이츠〉는 연극, 뮤지컬, 영화, 심지어 히스클리프의 공백기간 3년을 채운 소설로도 만들어졌다. 이제 에밀리 브론테의 소설은 초창기의 냉랭한 평을 극복하고 전 세계적으로 낭만주의자들과 현실주의자들 모두의 가슴을 따뜻하게 해주고 있다.

줄거리

히스클리프의 집을 빌린 록우드가 주인집을 찾아온다. 이어 '워더링 하이츠'를 방문한 록우드는 해괴하고도 불가사의한 일과 우연히 맞닥뜨리게 되고, 이것은 그의 호기심을 자극한다. 스러시크로스 그레인지로 돌아와 건강을 회복한 록우드는 워더링 하이츠에서 자랐고 지금은 스러시크로스 그레인지의 살림을 맡고 있는 하녀 넬리 딘에게 히스클리프에 관한 이야기를 들려달라고 청한다.

넬리의 이야기가 〈워더링 하이츠〉의 주를 이룬다.

어느 날, 워더링 하이츠의 주인이자 요크셔 농부인 언쇼는 리버풀에서 고아를 데리고 집으로 돌아온다. 소년의 이름은 히스클리프. 히스클리프는 언쇼 씨의 자녀인 힌들리, 캐서린과 함께 자란다. 캐서린은 히스클리프를 무척 좋아하지만, 힌들리는 그렇지 않다. 히스클리프가 아버지의 사랑을 독차지하기 때문이다.

힌들리는 아버지가 세상을 떠나자, 히스클리프를 악랄하게 학대한다. 그러나 캐서린과 히스클리프는 황무지에서 자유분방하게 그 누구도, 그 무엇도 염두에 두지 않고 자연과 어울리며 성장한다. 그러다 우연히 린튼 가족을 만나게 된다.

에드가와 이사벨라 린튼은 스러시크로스 그레인지에 살고 있다. 그들은 히스클리프와 캐서린과는 대조를 이룬다. 린튼 일가는 캐서린을 기꺼이 집으로 들이지만 히스클리프는 물리친다. 다시 한 번 이방인처럼 느껴진 히스클리프는 복수를 생각하기 시작한다.

처음, 캐서린은 히스클리프와 에드가 사이를 왔다 갔다

하지만 이내 에드가와 훨씬 더 많은 시간을 보내게 되면서 히스클리프의 질투를 산다. 캐서린이 넬리에게 자신은 절대로 히스클리프와 결혼할 수 없다는 말을 하고, 우연히 그 말을 엿들은 히스클리프는 워더링 하이츠를 떠난다. 그리고 3년이란 세월이 흐른다.

히스클리프가 없는 사이, 에드가의 환심을 사기 위해 노력한 캐서린은 마침내 결혼에 이른다. 두 사람은 너무나 달랐기에 행복은 짧았고, 히스클리프가 돌아오면서 부부 사이는 더욱 나빠진다. 그들의 관계는 히스클리프가 원수인 힌들리(그리고 힌들리의 아들 헤어튼)와 함께 워더링 하이츠에 살고, 에드가의 여동생 이사벨라와 결혼하면서 훨씬 더 복잡해진다.

히스클리프가 결혼한 지 얼마 지나지 않아 캐서린은 에드가의 딸 캐시를 낳고 숨을 거둔다.

히스클리프는 복수를 해나가면서 자신이 상처를 입히는 사람에 대해서 전혀 개의치 않는다. 그는 워더링 하이츠와 스러시크로스 그레인지를 손에 넣고, 에드가 린튼이 아끼는 모든 것들을 망쳐버릴 작정이다.

히스클리프는 복수를 위해 17년을 기다렸고, 마침내 캐시와 아들 린튼을 강제로 결혼시킨다. 이즈음 히스클리프는 워더링 하이츠를 차지하고, 에드가의 죽음을 계기로 스러시크로스 그레인지도 장악한다.

그러나 내내, 캐서린의 유령이 히스클리프를 따라다닌

다. 히스클리프가 진정으로 원하는 것은 연인과의 재결합이다. 소설의 끝부분에서 히스클리프와 캐서린은 죽음으로 다시 결합하고, 헤어튼과 캐시는 결혼을 약속한다.

등장인물

히스클리프 *Heathcliff* 주인공. 어릴 적 고아가 되어 끊임없이 이방인의 위치에 서고, 사람들을 잃는다. 캐서린 언쇼와 서로 사랑한다고 확신했지만, 그녀가 에드가 린튼과 결혼하기로 마음먹자 두 사람의 관계는 무너진다. 그 후, 생애 대부분을 복수의 일념으로 보낸다. 입이 거칠고, 잔인하고, 모질다.

캐서린 언쇼 *Catherine Earnshaw* 히스클리프가 품은 일생의 사랑. 거칠고, 충동적이고, 오만하며, 원하는 것은 무엇이든 얻으면서 성장한다. 그녀를 사랑하는 두 남자에게 고통을 주고, 결국 이기심은 자신뿐만 아니라 자신이 사랑하는 모든 이에게 상처를 준다.

에드가 린튼 *Edgar Linton* 캐서린의 남편이자 히스클리프의 연적(戀敵). 유복하게 자랐으며 예의범절도 바르다. 캐서린과 사랑에 빠져 결혼한다. 캐서린에게 눈이 먼 나머지 어울리지 않는 서로의 성격을 간과한다.

캐시 린튼 *Cathy Linton* 캐서린과 에드가의 딸. 어머니를 닮아 어머니의 장단점을 상기시키는 역할을 한다. (주: 혼란을 방지하기 위해 어머니를 캐서린, 딸을 캐시로 표기한다. 원전에는 어머니 캐서린도 캐시라는 애칭으로 혼용되고 있다.)

린튼 히스클리프 *Linton Heathcliff* 히스클리프와 이사벨라의 아들. 육체적 · 정신적으로 병약하고 성마르다. 히스클리프의 복수의 희생양. 캐시와 결혼한다.

헤어튼 언쇼 *Hareton Earnshaw* 힌들리의 아들이자 캐서린의 조카. 교육을 받지 못하고 세련되지 않았지만 강한 자부심의 소유자. 캐시에게 끌리지만 캐시의 태도로 자존심이 상처받는다. 그의 너그러운 마음씨에 힘입어 두 사람은 사랑에 빠지고 결혼한다. 히스클리프의 죽음을 유일하게 슬퍼하는 인물.

넬리 *Nelly* 이야기를 이끌어가는 주요 화자이자 캐서린의 하녀. 과거에 일어났던 사건들에 대해 자세히 말해 줄 수 있는 유일한 인물이지만 편견이나 치우침 없이 이야기를 들려주지는 않는다.

록우드 *Lockwood* 히스클리프 소유의 스러시크로스 그레인지를 빌려 생활하며, 넬리에게 이야기를 들려달라고 청하는 사람. 이 이야기의 촉매가 되며, 우연히 내부정보를 듣게 되는 이방인. 록우드의 워더링 하이츠 방문과 뒤이은 행동들은 이 책의 구성에 직접적으로 영향을 미친다.

언쇼 씨 *Mr. Earnshaw* 캐서린의 아버지. 고아인 히스클리프를 집으로 데려와 친아들인 힌들리 이상으로 돌봐준다.

언쇼 부인 *Mrs. Earnshaw* 캐서린의 어머니. 히스클리프보다 친아들을 더 아끼는 것 외에는 드러나는 바가 거의 없다.

힌들리 언쇼 *Hindly Earnshaw* 캐서린의 오빠. 히스클리프를 질투해 아버지가 세상을 떠나자 복수를 하지만 그의 적수가 되지는 못한다. 결국, 아들은 물론 물려받은 집까지 잃는다.

프랜시스 언쇼 *Frances Earnshaw* 힌들리의 아내. 병약해서 헤어튼을 낳은 후 곧 세상을 떠난다.

조지프 *Joseph*　워더링 하이츠의 하인. 종교에 사로잡혀 지루하게 떠들어대는 위선적 광신자.

린튼 씨 부부 *Mr. and Mrs. Linton*　에드가의 부모. 캐서린을 집으로 초대해 상류사회의 생활을 보여준다. 캐서린의 건강이 회복되도록 간호한 후 모두 죽는다.

이사벨라 *Isabella*　에드가의 동생. 히스클리프에게 반해 오빠와의 관계가 소원해진다. 히스클리프의 잔인함을 경험한 후, 런던으로 도망쳐 그의 아들을 낳는다. 히스클리프에게서 아들을 떼어놓으려다가 결국 실패한다.

질라 *Zillah*　히스클리프의 하녀. 록우드를 개떼로부터 구해 주고, 워더링 하이츠의 이야기를 넬리에게 들려준다.

등장인물 관계도

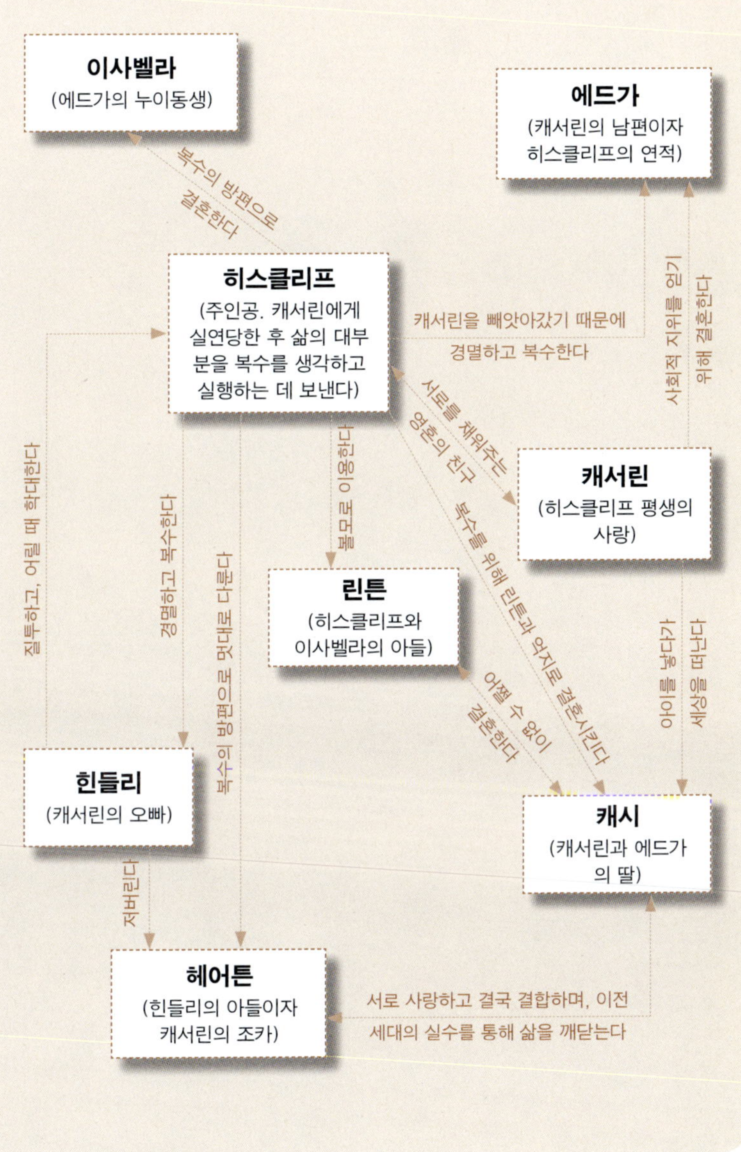

이사벨라
(에드가의 누이동생)

에드가
(캐서린의 남편이자
히스클리프의 연적)

히스클리프
(주인공. 캐서린에게
실연당한 후 삶의 대부
분을 복수를 생각하고
실행하는 데 보낸다)

캐서린
(히스클리프 평생의
사랑)

린튼
(히스클리프와
이사벨라의 아들)

힌들리
(캐서린의 오빠)

캐시
(캐서린과 에드가
의 딸)

헤어튼
(힌들리의 아들이자
캐서린의 조카)

복수의 방편으로
결혼한다

캐서린을 빼앗아갔기 때문에
경멸하고 복수한다

사회적 지위를 얻기
위해 결혼한다

서로를 채워주는
영혼의 친구

복수를 위해 린튼과 와지를 결혼시킨다

질투하고, 어릴 때 학대한다

경멸하고 복수한다

복수의 방편으로 맞대결 대상한다

아이를 낳다가

세상을 떠난다

어쩔 수 없이
결혼한다

저버린다

서로 사랑하고 결국 결합하며, 이전
세대의 실수를 통해 삶을 깨닫는다

Chapter별
정리
노트

Chapter 1

 히스클리프를 만나다

　　스러시크로스 그레인지의 새 임차인 록우드가 집주인 히스클리프를 방문하고, 그것을 일기에 기록한다. 워더링 하이츠에 머무는 동안, 록우드는 '1500'이라는 연도와 현관 위 '헤어튼 언쇼'라는 이름에 주목하지만 아무런 언급도 하지 않는다. 환영받지 못한 손님 록우드는 곧 하인 조지프를 만나고, 농가를 헤매 다니는 개떼와 마주친다. 록우드는 주인에게 냉대를 받지만, 그래도 다시 찾아가보기로 마음먹는다.

　　〈워더링 하이츠〉는 날짜로 시작하는데, 그것은 서술의 형식뿐 아니라 배경도 알려준다. 당시는 1801년. 하지만 주된 이야기는 수십 년 전에 있었다. 소설 속 대부분의 사건은 워더링 하이츠, 스러시크로스 그레인지, 아니면 두 집안 사이에 놓인 황무지에서 일어난다. 세 곳 모두 철저하게 '세상의 소용돌이로부터 격리된 곳'이다. 또한 워더링 하이츠와 스러시크로스 그레인지는 그곳에 사는 사람들을 상징한다. 워더링 하이츠의 사람들은 강인하고 야성적이며 성미가 급한 반면, 스러시크로스 그레인지 사람들은 수동적이고 교양 있고 차분하다. 히스클리프는 워더링 하이츠를 상징한다.

독자들은 이사 간 집의 환경과 주인을 이해하려고 애쓰는 외톨이 화자 록우드를 만난다. 록우드는 주인공 히스클리프에 대한 첫인상을 독자들에게 들려준다. 그가 받은 인상은 독자들에게도 매우 중요하게 작용한다. 반면, 한 사람의 등장인물로서는 전반적으로 부정확하다.

예를 들면, 그는 히스클리프가 자신에게 손을 내밀지 않았다고 두 번 언급하면서도 여전히 그를 신사로 생각한다. 그리고 '돌멩이를 깔아둔 길 위로 풀이 웃자라고 울타리를 뜯어대는 쪽은 소떼뿐'임을 알아차리지만, 히스클리프가 '하인들은 제대로 갖춘 모양'이라고 잘못 추측한다. 1장 끝부분에서는 히스클리프가 자신을 다시 만나고 싶어하지 않는다는 것을 알면서도 찾아가기로 마음먹는다.

록우드는 히스클리프와 자신을 비교한다. "나는 이런 괴팍하고 이상한 성격 때문에 차가운 사람이란 평판을 얻게 되었다"는 글귀에서 과거에 있었던 히스클리프의 인정머리 없는 일을 말하겠다는 암시를 준다.

록우드는 상황을 명확히 파악하지 못하고, 얼마만큼 오해를 하고 있는지도 모른다. 따라서 제대로 모르면서 편견까지 지닌 채 이야기를 전달해 주는 수많은 화자 중 첫 번째라고 할 수 있다. 이야기는 간접적으로 수많은 정보를 드러내면서 '액자형식'*을 취한다. 록우드는 넬리에게 히스클리프와 캐서린의 이야기를 하도록 만들고, 후에 그들 각각의 아이들 이야기를 하게 한다.

1장에는 록우드와 히스클리프 외에도 두 명의 하인이 등장한다. 한 사람은 조지프라는 노인인데, 종교광이며 고약한 성격을 지녔다. 다른 한 사람은 '얼굴이 불그레한 건장한 여자'로, 나중에 질라로 밝혀진다.

문학적 장치 등장인물들은 사실적으로 묘사된다. 개와 농가 안에 있는 가구들의 세세한 묘사에서도 그것을 발견할 수 있다. 〈워더링 하이츠〉에서는 사실적인 느낌이 중요하기 때문이다. 또 하나 중요한 것은 그 집의 주인이다. '헤어튼 언쇼'라는 이름에 대해 설명이 나오지는 않지만, 가족의 이름 역시 중요하다. 1장에는 대답보다 질문이 더 많다. 독자들의 관심을 불러일으켜 계속 읽게 만드는 고리로서의 역할을 하기 위한 장치인 것이다.

---

* **액자 형식**: 하나의 이야기 속에 다른 이야기가 존재하는 형식으로 얘기가 진행되는 방식을 지칭한다.

Chapter 2

워더링 하이츠에 갇히다

록우드는 워더링 하이츠를 다시 찾아간다. 그곳에 도착하자 폭설이 내리기 시작하고, 문을 두드려도 나오는 사람이 없다. 조지프의 설명에 의하면, 그 누구도 록우드를 집 안으로 들일 수 없기 때문이란다. 결국, 한 젊은이가 나타나더니 록우드에게 따라오라고 한다. 일단 안으로 들어간 록우드는 히스클리프의 아내인 듯한 여자를 보고 이야기를 건네려 하지만 허사다. 그는 내내 부정확한 가정과 추측을 하면서 히스클리프의 귀가를 기다린다. 폭설이 눈보라로 바뀌자, 록우드는 그레인지로 돌아가는 길을 안내해 달라고 부탁하지만 아무런 도움도 받지 못한다. 등불을 움켜쥔 그는 아침에 돌려주겠노라고 말한다. 록우드가 등불을 훔쳐간다고 생각한 조지프가 개들에게 록우드를 잡으라고 명령한다. 개에 물려 상처를 입고 피를 흘리는 록우드는 어쩔 수 없이 워더링 하이츠에서 그날 밤을 보내게 된다.

2장에서는 주로 등장인물들이 소개된다. 앞 장에서 '얼굴이 불그레한 건장한 여자'로 알려졌던 질라의 정체가 드러

난다. 넬리 딘에 대해 언급되지만 이름은 밝혀지지 않는다. (문 위에 새겨져 있던) 헤어튼 언쇼란 이름이 나오지만 그의 존재 도 설명되지 않는다. 히스클리프의 며느리로 소개되는 '부인' 이 등장한다. 이름은 언급되지 않는다. 조지프가 며느리의 어 머니를 들먹이며 지옥에나 가라고 소리친다.

주로 나열만 할 뿐, 직접적으로나 전체적으로 정보를 명확하게 설명해 주지는 않고, 약간의 의구심만 불러일으킨다. 분명 사이좋게 지내지도 못할 뿐더러, 서로 좋아한다는 것은 상상할 수도 없는 이런 등장인물들은 어찌된 영문인지 긴밀하 게 얽혀 있다.

독자에게 이들을 소개하는 사람은 록우드이다. 이 소설 의 대부분에서는 아직 이름을 밝히지 않은 하인 넬리가 주된 화자지만, 2장에서는 록우드가 화자가 된다.

즉시 록우드의 신뢰성은 의심을 불러일으킨다. 우선, 워 더링 하이츠를 다시 찾아가겠다는 결심 자체가 이해되지 않는 다. 초대도 받지 않았고, 날씨도 좋지 않다. 길도 제대로 모른 다. 게다가 도착하고 난 후, 그 집 사람들의 쌀쌀맞은 태노에 당혹스러워한다. 그는 자신의 추측이 맞을 것이라는 비현실적 인 기대를 한다. 헤어튼의 안내로 안에 들어간 그는 '부인'이 자리 권하기를 기다리고, 예의바르게 대화를 시도한다. 록우 드는 토끼 가죽 더미를 애완동물로, 그 여인을 히스클리프의 아내로 착각한다. 히스클리프가 그 '부인'이 며느리라는 사실을 알려준 이후에는 헤어튼을 히스클리프의 아들로 착각한다. 상황파악도 못하고, 사람도 제대로 몰라보는 록우드의 모습이 그의 이야기 자체를 의심스럽게 만든다.

록우드의 인물 탐험 외에도, 다른 인물들에 대한 중요한 정보가 약간이나마 드러난다. 조지프는 종교와 미신에 집착한다. 헤어튼은 부모에게 엄청난 자부심을 갖고 있다. 워더링 하이츠에 있는 것을 싫어하면서도 떠나지 못하는 히스클리프의 며느리에게는 묘한 아름다움이 있다. 히스클리프는 아내와 아들을 모두 잃었다. 이 대목에서, 이들이 흥미를 불러일으키지만 공감이 가지는 않는다.

Chapter 3

 **워더링 하이츠에서의 하룻밤**

질라가 록우드를 방으로 안내한다. 그 방은 히스클리프가 아무도 들이지 못하게 하는 곳이다. 나무판자 뒤에 숨겨진 침대를 본 록우드는 히스클리프로부터 안전하리라 생각하고 그곳에서 잠을 청하기로 한다. 촛불로 세 개의 이름—캐서린 언쇼, 캐서린 히스클리프, 캐서린 린튼—과 몇 권의 책을 찾아낸다. 록우드는 잠들지 못하고 곰팡이 핀 책들을 들여다본다.

그 책 중 하나에서, 조지프를 그려놓은 그림과 일기 형식의 글들을 보게 된다. 그 글은 캐서린과 히스클리프는 친하게 지내고, 오빠 힌들리가 히스클리프를 학대한다는 내용이다. 몇 개의 글을 읽고 나서 잠들었던 록우드는 두 가지 악몽에 시달린다. 그는 창문을 톡톡 치는 전나무 가지 소리에 잠이 깼다고 생각하고, 다시 잠을 자면서 이번에는 꿈속에서 그 가지를 떼어내려 한다.

그는 그 가지를 잡으려고 창문으로 손을 내밀었다가 가지 대신 얼음처럼 차가운 손길을 느낀다. 그 손길로부터 손을 빼내려고 안간힘 쓰는데 목소리가 들린다.

"들어가게 해주세요. 들어가게 해주세요.!"

목소리는 자기가 '캐서린 린튼'이라고 말한다. 록우드는 유령을 떼어낼 수가 없자, 들여보내주겠노라고 속이고는 깨진 유리쪽으로 손목을 마구 잡아당겨 손을 놓게 만든다. 그는 가까스로 풀려나자마자, 그 구멍에 책을 쌓고, 책이 쓰러지자 비명을 지른다.

록우드의 비명을 듣고 히스클리프가 달려온다. 록우드는 그 방에 귀신이 들렸다고 말한다. 그 방을 나가던 록우드는 히스클리프가 '캐서린'이란 이름에 몹시 당황하고, 그 영혼이 돌아오기를 간절히 바란다는 것을 알아차린다. 해가 뜨자마자 히스클리프의 안내를 받은 록우드는 흠뻑 젖고 오한이 나는 몸을 이끌고 그레인지에 도착한다.

'캐서린'이란 이름이 처음으로 언급되는데, 캐시의 어머니를 가리킨다. 세 가지 성이 시간 순으로 캐서린이란 이름과 결합되어 있으며, 캐서린 언쇼의 삶에서 차지하는 주요 관계를 언급한다. 거꾸로 읽어보면, 그것은 캐시의 삶에 대한 기록이라고 할 수 있다.

히스클리프를 대하는 힌들리의 태도가 적힌 일기를 통해, 독자들은 불가사의한 주요 인물들을 어느 정도 파악하게 된다. 어쩌면 환경이 만들어낸 히스클리프는 자신을 괴롭히는 사람에게 대항하고 있는 것인지도 모른다. 캐서린의 시각에서 보면, 힌들리는 히스클리프보다 훨씬 나쁜 사람이다. 소설에서 히스클리프와 캐서린이 두 가지 입장을 보여주기 때문에 독자들은 등장인물들에 대해 일정한 시각을 유지하기가 극히 어렵다. 1장과 2장에서 히스클리프는 모두에게 무심한 것처럼 보이지만 3장 끝부분에서는 분명 캐서린의 죽음에 고통스러워한다. 냉정하고 인정 없는 사람처럼 묘사된 이 남자 또한 분명 꽤 열정적일 수 있는 것이다.

한 가지 중요한 의문은 히스클리프가 가진 집착의 근원을 규명하는 일이다. 캐서린인가, 아니면 복수인가? 브론테는 3장에서 초자연적인 상황을 끼워 넣는다. 그리고 독자들은 캐서린의 유령이 정말 히스클리프를 20년 동안 기다려왔는지, 아니면 단지 록우드가 상상해낸 믿을 수 없을 만큼 생생한 산물인지 판단해야 한다.

록우드의 유령/꿈과의 교감에는 꽤 깊은 뜻이 내포되어 있다. 많은 인물들이 서로에게 잔인하다는 말을 들었지만, 록우드의 행동, 즉 깨진 유리창에 손목을 잡아당기고 '앞뒤로 문질러 피를 흘리게 해 침대 시트가 피로 흥건히 물들게 하는 것'은 다른 등장인물들만큼이나 잔인한 행동이다.

캐서린 유령과 록우드의 교감은 록우드를 방관적 관찰자에서 능동적인 참여자의 위치로 이동시킨다.

Chapter 4

  리버풀에서 온 아이

황무지에서 헤매다 돌아온 후 건강을 회복한 록우드는 넬리에게 히스클리프와 며느리에 대해 묻는다. 넬리의 이야기는 이렇다. 남편을 잃고 혼자 된 며느리의 결혼 전 이름이 캐시(캐서린) 린튼이고, 지금은 세상을 떠난 전 주인 딸이다. 헤어튼 언쇼는 돌아가신 주인 마나님의 조카이며, 캐시는 린튼 가문의 마지막 자손이고, 헤어튼은 언쇼 가문의 마지막 자손이다. 히스클리프는 린튼 씨의 딸과 결혼했었다.

이런 얘기를 듣고 호기심이 생긴 록우드는 넬리에게 자신이 만난 사람들과 그곳의 이야기를 들려달라고 조른다. 넬리는 자신이 워더링 하이츠에서 살았던 이야기부터 시작한다. 그녀는 캐서린과 힌들리 언쇼와 함께 자랐다. 주인 언쇼 씨는 리버풀에서 고아를 데려와 (어릴 적 죽은 아들의 이름을 따서) 히스클리프라는 이름을 붙여주고, 친자식 이상으로 많은 사랑을 베푼다.

캐서린과 힌들리 모두 처음에는 히스클리프를 싫어했지만 이내 캐서린은 히스클리프를 사랑하게 된다. 힌들리는 히스클리프를 불쾌하게 여긴다. 특히 히스클리프가 아버지의 사랑을 독차지했을 때는 더 심하다. 히스클리프가 오고 나서 2년도 안 되어 어머니가 세상을 뜨자, 힌들리는 식구들로부터 소외된다.

　　히스클리프에 대한 호기심에 더해 캐서린의 영혼을 만난 록우드는 넬리에게 그동안 워더링 하이츠에 있었던 일을 들려달라고 청한다. 이 시점에서 넬리는 주요 화자의 역할을 떠맡지만 자주 다른 인물의 말을 인용한다. 따라서 넬리가 알려주는 정보 가운데 일부는 직접적인 것이 아니라, 한 사람이나 두 사람을 거친 이야기가 된다.

　　언쇼 씨의 집으로 오게 된 히스클리프 이야기는 그와 힌들리 모두의 처지를 이해할 수 있게 해준다. 힌들리의 입장에서 보면, 히스클리프는 아버지와 여동생 모두의 사랑을 빼앗았다. 반면 고아인 히스클리프는 자신을 받아들일 준비가 충분히 되지 않은 식구들을 기꺼이 수용할 준비가 되어 있었다. 캐서린과 히스클리프의 어린 시절은 그들이 처한 상황을 보여주고, 미래를 암시한다. 따뜻하고 사랑스러운 캐서린은 반항적이고 제멋대로에다 잔인해진다. 히스클리프는 골똘히 생각에 잠긴 채 무뚝뚝해지고 복수심을 품는다. 이들의 관계가 주요 주제 중 한 가지를 설명하기 시작한다. 즉, 사랑은 변덕스럽고, 그 결과, 모든 것을 파괴할 수 있다는 것이다.

Chapter 5

워더링 하이츠에 찾아온 죽음

몸이 쇠약해지기 시작한 언쇼 씨는 히스클리프에 대한 식구들의 불평을 견딜 수 없게 되자 힌들리를 학교에 보낸다. 언쇼 씨의 죽음이 임박해지면서 조지프는 특히 종교에 관해 주인에게 더 많은 영향력을 갖기 시작한다.

캐서린은 아버지의 병환이 얼마나 위독한지 깨닫지 못한 채 히스클리프와 장난을 치며 아버지를 끈질기게 괴롭힌다. 아버지가 세상을 떠나자 캐서린과 히스클리프는 천국에 대해 이야기하며 서로를 위로한다.

캐서린과 히스클리프의 관계는 언쇼 씨가 기운을 잃어감에 따라 점차 강해진다. 두 사람의 사랑은 언쇼 씨가 숨을 거둔 날 밤, 천국의 이야기를 함께 나눌 때 드러난다. 이 장면은 매우 흥미롭다. 천국, 천사 같은 종교적인 단어가 캐서린을 묘사하기 위해 사용되지만(그리고 악마와 사탄 같은 단어는 히스클리프를 묘사), 두 사람 모두 상식적으로 볼 때 특별히 독실해 보이지 않기 때문이다. 마치 그들의 사랑은 체계화된 종교 저편에 있는 초자연적인 것처럼 보인다. 어쨌거나 언쇼 씨가 숨을 거두었을 때야말로 유일하게 캐서린과 히스클리프가 서로만을 전적으로 의지하지 않았던 때였다. 이 순간은 종교적인 믿음이 그들에게 편안함을 준다. 이때를 제외하고는 항상 두 사람은 서로에게 사랑의 근원 역할을 한다.

Chapter 6

 **워더링 하이츠의 새 주인, 힌들리**

힌들리가 아버지의 장례식에 아내 프랜시스를 데리고 참석한다. 힌들리가 집안관리를 하면서 즉시 변화가 생긴다. 조지프와 넬리는 식기실로 거처를 옮기게 하고, 히스클리프는 공부를 못하게 한 후 들일을 시킨다. 힌들리가 히스클리프나 캐서린에게 그다지 관심을 보이지 않자 두 사람은 교회에도 나가지 않고 황무지에서 놀며 '야만인'처럼 지낸다.

어느 날, 캐서린과 히스클리프가 사라진다. 힌들리는 두 사람을 찾지 못하자 집의 문을 모조리 잠그라고 명령한다. 넬리는 잠을 자지 않고 두 사람을 기다리지만 히스클리프 혼자 돌아온다. 히스클리프는 캐서린과 함께 스러시크로스 그레인지에 가서 그 집 창문으로 안을 몰래 훔쳐보고 린튼네 아이들인 에드가와 이사벨라를 놀린 이야기를 넬리에게 들려준다. 그들은 린튼네 식구들을 비웃다가, 웃음소리 때문에 들켜 도망을 친다. 린튼네 개 스컬커가 두 사람을 쫓아와 캐서린의 발목을 문다.

상처 때문에 달아나지 못한 캐서린을 하인이 그레인지로 옮긴다. 린튼 부부는 캐서린과 히스클리프의 외모와 행동거지에 깜짝 놀란다. 그날 밤, 캐서린의 상처는 돌봐주면서도 히스클리프는 집 안으로 들이지 않고 쫓아버린다. 캐서린이 걱정스러워 집 안을 훔쳐보던 히스클리프는 그 집 사람들이 캐서린을 여왕처럼 대하는 것을 본다.

린튼 씨가 찾아와 여동생을 제대로 돌보지 않는 것을 나무라자, 힌들

리는 히스클리프에게 다음부터 캐서린과 이야기만 해도 내쫓겠다고 으름
장을 놓는다.

황무지를 가로지르며 자유롭게 돌아다니는 데서 캐서
린과 히스클리프의 거친 천성을 보여준다. 워더링 하
이츠의 거침없는 자유는 스러시크로스 그레인지의 위엄 있는
고요함과 대비된다. 마찬가지로, 린튼 가의 아이들(근심 없고,
응석쟁이에 소심한)은 캐서린과 히스클리프(고집이 세고, 강
인하고, 반항적인)와 대조를 이룬다.

처음으로, 캐서린과 히스클리프의 차이점이 드러난다.
캐서린은 그곳의 점잖은 말투와 호화스러움에 이끌리는 반면,
히스클리프는 퇴박을 당한다. 얄궂게도 히스클리프는 거부당
하면서 다시 한 번 이방인이 된다. 그는 스러시크로스 그레인
지에서 환영받는 존재가 결코 아니지만 캐서린은 언제나 귀족
처럼 대접받는다.

넬리의 이야기를 통해, 스러시크로스 그레인지에서 일
어났던 일을 히스클리프의 관점에서 들려준다. 히스클
리프는 처음부터 린튼네 식구들과 그들이 상징하는 것을 싫어
한다. 게다가 그들은 지금 그가 가장 소중히 여기는 캐서린을
데리고 있다. 따라서 이야기는 다시 한 번 약간 의심스러워진

다. 히스클리프가 그곳에서 일어났던 일을 그대로 이야기했는지, 아니면 약간 삐딱하게 윤색했는지 확실하지 않은 것이다.

6장에서 캐서린의 인격에 처음으로 중요한 변화가 나타난다. 그녀는 스러시크로스 그레인지에서 완전히 새로운 세계를 경험한다. 그 세계는 히스클리프가 들어가지 못하고, 앞으로도 들어갈 수 없는 곳이다. 캐서린 내면의 동요가 그녀가 원하든 원하지 않든 히스클리프와의 관계에 점차 변화를 가져오게 된다.

Chapter 7

스러시크로스 사람들

캐서린이 스러시크로스 그레인지에서 머무는 5주 동안, 린튼 씨의 부인이 함께 지내며 말괄량이 소녀를 어린 숙녀로 변모시킨다. 캐서린이 워더링 하이츠로 돌아왔을 때는 거의 알아보지 못할 정도다. 힌들리는 히스클리프를 하인처럼 다루고, 캐서린이 도착하자 캐서린의 놀이동무를 한 걸음 나오게 해 인사시킨다. 캐서린은 히스클리프에게 입을 맞추면서 그의 지저분한 모습을 들먹이며 에드가와 비교한다. 히스클리프는 친구의 변한 모습과 태도에 상처를 입는다.

힌들리는 린튼 가족을 다음날 저녁식사에 초대하고, 린튼 가족은 기꺼이 응한다. 단, 히스클리프가 린튼네 아이들 근처에는 얼씬도 못하게 해야 한다는 조건이 붙는다. 힌들리는 그 조건을 수락한다. 넬리는 히스클리프를 이해시켜 깨끗이 단장하도록 했지만, 린튼네 아이들이 도착하자 힌들리는 그를 부엌으로 쫓아버린다. 히스클리프는 에드가가 자신의 외모에 대해 모욕적이라고 생각되는 말을 하자, 그의 얼굴에 뜨거운 사과소스를 붓는다. 힌들리는 히스클리프를 저녁식사가 끝날 때까지 다락방에 가둔다.

캐서린은 에드가가 히스클리프를 곤경에 처하게 했다고 나무란다. 저녁식사 후, 다른 사람들은 음악을 들으며 춤을 추고 있는데, 캐서린은 몰래 빠져나와 히스클리프에게 간다. 넬리는 히스클리프를 부엌으로 오

게 해 먹을 것을 준다. 그는 저녁을 먹으면서 힌들리에게 언젠가 복수하
겠다는 말을 한다.

워더링 하이츠로 돌아온 캐서린은 눈에 띄게 달라진 모
습이다. 히스클리프를 대하는 태도도 이해할 만하고, 기대했
던 대로다. 처음으로 그녀는 사회적 신분 차이를 깨닫는다. 독
자는, 이후 신분 차이가 끊임없이 인지된다는 것과 린튼 가문
이 언쇼 가문보다 사회적 신분이 높다는 사실을 기억해 두어
야 한다.

넬리는 아주 동정적인 관점에서 히스클리프를 소개한
다. 그녀는 히스클리프 편을 들어주고, 옷차림을 단정히 하도
록 북돋운다. 일이 계획대로 되지 않자, 히스클리프와 힌들리,
히스클리프와 에드가 사이에 충돌이 일어나고, 이것은 나중에
〈워더링 하이츠〉 전체로 번진다. 히스클리프는 처음으로 복수
에 대한 욕망을 언급한다.

Chapter 8

 풋사랑이 싹트다

이어지는 여름, 폐결핵으로 고생하던 프랜시스는 헤어튼을 낳고 일주일 후에 숨을 거둔다. 넬리가 갓난아이를 돌보게 된다. 아내의 죽음으로 몹시 낙담한 힌들리는 성격이 포악해져 넬리와 조지프를 제외한 하인들을 모두 내쫓고, 히스클리프를 더욱 잔인하게 대하기 시작한다. 히스클리프는 힌들리의 파멸에 기쁨을 느낀다.

'이중성격'을 띠기 시작한 캐서린은 히스클리프와 린튼 일가에게 각기 다르게 행동한다. 캐서린이 에드가와 린튼네 식구들과 보내는 시간을 기록하기 시작한 히스클리프가 그것을 들이대며 따진다. 이에 캐서린이 히스클리프를 깔보는 말을 하자 그는 화를 내고, 그 언쟁 말미에 에드가가 도착한다.

에드가가 와 있는 동안, 넬리가 방에서 캐서린을 지킨다. 캐서린이 몹시 화를 낸다. 캐서린은 넬리를 방에서 내보내지 못하자 꼬집으면서 거짓말을 한다. 그녀는 끼어들려고 하던 에드가의 뺨을 때린다. 처음으로 캐서린의 거친 면을 보게 된 에드가는 가야겠다고 말한다. 그러나 집을 나가면서 창문을 통해 캐서린을 보고는 되돌아온다. 힌들리가 술에 취해 귀가했다는 넬리의 전갈로 두 사람의 만남이 중단된다.

힌들리는 아내의 죽음을 계기로 회복 불가능한 파멸에 빠지기 시작한다. 아들을 피하고 술에 취한 폭군이 되는데, 이런 파멸은 히스클리프의 몰락을 암시하는 으스스한 복선 역할을 한다. 히스클리프는 힌들리의 자멸을 바라보며 쾌감을 느낀다.

인물탐색 8장에서는 타인의 파멸을 보는 히스클리프의 환희와 함께 캐서린에 대한 넬리의 솔직한 반감이 드러난다. 넬리는 "솔직히 어린 시절 이후에는 아가씨를 좋아하지 않았다"고 인정하면서 캐서린이 '거만하고 고집이 센 아이'라고 말한다. 이 고백은 즉각 그녀의 이야기에 대한 중립성에 의문을 불러일으킨다. 항상 일관된 것은 아니지만 분명 이 시점에서 넬리는 캐서린보다 히스클리프를 더 좋아한다.

주제탐색 8장에서는 사랑과 무자비함 사이의 연관관계가 표면으로 드러나고, 〈워더링 하이츠〉 내내 끊임없이 반복된다. 가장 결연한 사랑을 보여주는 등장인물들(특히 히스클리프), 즉 가장 열정적인 사람들이 가장 잔인해지는 경향이 있다. 브론테는 다양한 인간관계의 유형을 통해 사랑과 무자비함 사이의 연관성을 살피고 있다.

Chapter 9

 ## 떠나는 히스클리프

술에 취하고 화가 나 있는 힌들리는 뜻하지 않게 헤어튼을 계단 아래로 떨어뜨리지만 다행스럽게도 그곳에 있던 히스클리프가 붙잡는다. 캐서린이 부엌에서 넬리에게 말을 건다. 둘만 있다고 생각한 캐서린은 에드가가 청혼했으며, 그것을 받아들였다고 말한다.

캐서린은 힌들리가 히스클리프를 너무나 비참하게 만들었기 때문에 그와는 결혼할 수 없지만 사랑한다고 고백한다. "내가 히스클리프와 결혼하면 신분이 바닥으로 떨어져버리게 돼." 이 말을 히스클리프가 엿듣는다. 그녀는 계속해서, '히스클리프는 내가 자기를 얼마나 사랑하는지 결코 알지 못할 것'이고, 그는 '나 자신보다 더 나와 같다'고 말을 잇는다.

그날 밤 워더링 하이츠를 떠난 히스클리프는 3년 동안 돌아오지 않는다. 그 밤 내내 캐서린은 밖에서 비를 맞으며 뜬눈으로 지새우고, 지독한 감기와 열병에 걸려 사경을 헤맨다. 린튼 부부는 캐서린이 그레인지에서 요양하도록 해준다. 린튼 부부는 곧 열병에 걸려 세상을 떠난다. 부모가 세상을 떠나고 3년 후, 에드가와 캐서린은 결혼한다. 두 사람은 넬리에게 워더링 하이츠에서 스러시크로스 그레인지로 옮기라고 말한다. 넬리가 거부하자 (에드가와 힌들리는 후한 급료를 제시하며) 억지로 짐을 싸게 한다.

캐서린의 이중성격은 9장에서 가장 확연하게 드러난다. 히스클리프와 결혼할 수 없다면서도 사랑을 맹세하고, 에드가와 결혼하기로 하면서도 히스클리프와의 관계에 아무런 영향이 없을 것이라고 생각할 정도로 순진하다. 대부분의 빅토리아 시대 사회처럼, 캐서린은 결혼을 사회적 계약으로 볼 뿐, 연인과의 변치 않을 약속으로 여기지는 않는다. 그녀는 자신과 히스클리프를 하나로 보기 때문에 결혼이 그들의 영적 결합에 하등 영향을 끼치지 못한다고 생각하는 것이다.

인물탐색 캐서린과 히스클리프 사이에는 정신적 결합 외에 상징적 결합도 존재한다. 캐서린은 스러시크로스 그레인지에서 히스클리프가 워더링 하이츠에 왔을 때만큼이나 이방인이 된다. 히스클리프와 캐서린은 도착하자마자, 그곳 사람들에게 지독한 혼란과 불안의 낌새를 풍긴다. 캐서린은 에드가와 결혼하기로 했지만, 자신의 진가를 발휘할 수 있는 처지가 아닌 것이다.

Chapter 10

돌아온 히스클리프

9월의 어느 날 오후, 히스클리프가 나타난다. 캐서린과 에드가가 결혼한 지 대략 6개월이 지난 시점이다. 넬리는 누가 찾아왔는지 캐서린에게는 말하지 않고 에드가에게만 살짝 귀띔한다. 에드가는 캐서린에게 부엌에서 히스클리프를 만나라고 하지만 캐서린은 응접실에서 맞이하겠다고 고집을 부린다. 히스클리프는 자기를 맞는 캐서린의 흥분이 기대만큼은 아니었지만 기꺼이 받아들인다. 캐서린과 히스클리프는 말과 행동으로 사랑한다는 것을 드러낸다. 히스클리프가 워더링 하이츠에서 머물고 있다고 말하자 모두들 깜짝 놀란다.

캐서린과 이사벨라는 자주 워더링 하이츠를 찾고, 히스클리프는 스러시크로스 그레인지에 들른다. 그러는 사이, 이사벨라가 히스클리프를 좋아하게 된다. 히스클리프는 이사벨라에게 관심이 없지만 에드가의 상속인이란 사실에 흥미를 느낀다. 넬리는 히스클리프가 돌아온 것을 걱정하면서, 그가 어떻게 야비한 행동을 하는지 살펴보기로 한다.

여기에서 에드가와 히스클리프 사이의 질투가 처음 불

거져 나온다. 캐서린은 분명 에드가와 지내는 것을 지겨워한다. 히스클리프에게 보인 캐서린의 반응이 히스클리프를 기쁘게 하는 것만큼 에드가를 괴롭히고, 그녀는 그런 상황을 즐긴다. 캐서린은 에드가의 아내로서는 사교계의 명사가 될 수 있고, 히스클리프의 연인으로서는 가장 깊은 곳에 자리한 욕망과 욕정에 솔직해질 수 있다.

문학적 장치 많은 의문이 고개를 든다. 히스클리프는 어떻게 자신을 변모시켰을까? 외적으로만 변한 것일까? 돈은 어떻게 벌었을까? 왜 그토록 싫어하는 힌들리와 워더링 하이츠에 머무는 것일까? 히스클리프가 그동안 어디에 있었는지, 그리고 무엇을 했는지는 알 수가 없다. 그러나 독자들은 그의 변신이 그저 겉모양에 불과할 뿐, 힌들리에 대한 복수심을 잊지 않았다는 것을 곧 알아차린다. 히스클리프가 드러내는 탐욕은 에드가에게도 복수를 할 것이란 암시가 된다.

Chapter 11

복수의 손길

넬리는 힌들리와 이야기를 나누기 위해 위험을 무릅쓰고 워더링 하이츠에 가보기로 한다. 그곳에서 힌들리 대신 헤어튼을 우연히 만나는데, 헤어튼은 그녀를 전혀 기억하지 못한다. 헤어튼은 넬리에게 연신 돌멩이를 던지고 욕을 퍼붓는다. 히스클리프에게 배운 행동들이다. 넬리는 히스클리프가 나타나자 달아난다.

다음날, 넬리는 그레인지에서 히스클리프와 이사벨라가 포옹하는 장면을 목격한다. 캐서린이 히스클리프를 막아서자, 그가 이렇게 말한다. "난 당신 남편이 아니야. 그러니 질투할 필요 없어!" 이 사건을 통해 캐서린이 자기에게 잘못을 저질렀고, 그래서 복수하겠다는 히스클리프의 속내가 드러난다.

에드가가 캐서린과 히스클리프 앞에 나선다. 문을 잠근 캐서린은 남편에게 정정당당하게 히스클리프와 싸우라며 비아냥거린다. 에드가는 히스클리프의 목덜미에 주먹을 날리고 도움을 청하러 달아난다. 무기를 가진 남자 셋과 싸울 수 없다는 것을 깨달은 히스클리프는 자리를 뜬다.

에드가는 캐서린에게 둘 중 한 사람을 선택하라고 요구한다. 캐서린은 대답을 하지 않고 자기 방으로 들어가서는 문을 잠그고 이틀 동안 아무것도 먹지 않는다. 캐서린과 말이 안 통하는 에드가는 이사벨라에게 히스클리프와 계속 만난다면 남매의 연을 끊겠다고 경고한다.

히스클리프는 이제 헤어튼에게 아버지이자 스승인 양 행동하고 있다. 그 모습은 언쇼의 아버지 역할과 당시 힌들리가 워더링 하이츠에서 히스클리프를 하찮은 위치로 낮추었던 방식을 반영한다. 이제 히스클리프는 힌들리에게서 아버지와 아들을 모두 빼앗았다. 예전에 힌들리가 히스클리프의 정식 교육을 그만두게 만들었듯, 히스클리프는 헤어튼에게 자기가 당한 대로 한다. 복수를 향한 첫 번째 계획을 행동에 옮긴 것이다.

워더링 하이츠를 장악한 히스클리프는 이사벨라가 자기에게 빠져 있는 것을 이용해 에드가에 대한 복수를 위해 스러시크로스 그레인지를 표적으로 삼는다. 히스클리프는 이사벨라에 대해서는 감정도, 사랑도, 욕망도 없다. 단지 이용하고 싶은 마음뿐이다. 어릴 적, 스러시크로스 그레인지에서 무참하게 쫓겨났던 그는 한을 풀기 위해 그레인지를 손에 넣고자 한다. 그리고 그 방편으로 이사벨라를 이용한다.

음식을 거부한 이후에 보이는 캐서린의 신경질적인 반응은 정신적·육체적으로 나약한 자아를 보여준다. 에드가와 히스클리프를 함께 가둔 후 열쇠를 벽난로에 던진 행동은 그녀에게는 가장 로맨틱한 일이었다. 열쇠는 캐서린의 마음의 열쇠를 상징한다. 그녀는 열쇠를 집어던짐으로써 실제로 두 남자를 떨쳐버리는 것이다. 에드가는 세련되지 못하고 거친 히스클리프를 사랑하는 캐서린을 이해할 수가 없다. 반면, 히스클리프는 우유부단하고 징징대는 에드가에게 애정을 느끼는 그녀가 이상하다. 에드가는 그답지 않게 히스클리프에게 주먹을 날린다. 이 행동은 에드가가 사랑하는 여자로 인해 어떻게 변할지를 확실하게 보여준다.

Chapter 12

비밀결혼

굶기 시작한 지 사흘째 되는 날, 캐서린은 음식을 요구하고, 자기가 죽어가고 있는데도 남편이 용서를 빌러 오지 않는다며 화를 낸다. 캐서린은 흥분상태에서 히스클리프와 지낸 어린 시절과 자신의 임박한 죽음을 얘기한다. 넬리가 창문을 열어주지 않자 캐서린은 비틀거리며 가서 직접 열어젖히고는 워더링 하이츠가 보인다고 우겨댄다.

잠시 후, 캐서린은 땅 속에 묻혔다고, 그러나 '히스클리프와 함께할 때까지는 편히 쉴 수 없다'고 말한다. 캐서린의 상태가 위중하다는 것을 알게 된 에드가는 자신을 일찍 부르지 않았다며 넬리를 나무란다. 넬리는 의사에게 도움을 청하러 간다. 같은 날 밤, 이사벨라는 히스클리프와 달아난다. 의사는 캐서린의 병세가 가망이 없다고 말한다. 동생 소식을 전해 들은 에드가는 이제 그녀는 '형식적인' 동생일 뿐이라고 단언한다.

12장에서 또다시 넬리의 중립성이 의문을 불러일으킨다. 도입부에서 넬리는 '집안에 분별력 있는 사람은 오직 나 하나뿐'이라고 확신한다. 이런 마음가짐은 우월감을 드러낼

뿐만 아니라 자신의 애매모호한 행동을 정당화하고 책임을 회피하는 방편이 된다. 12장 끝부분에서 넬리는 '다른 사람의 고집스런 성격 때문에 욕을 먹고' 싶지 않다. 그녀는 자신을 캐서린보다 나은 사람이라고 생각하고, 캐서린이 처한 상태는 모두 그녀 자신 탓이라고 꼬집는다.

인물 탐색 캐서린의 상태가 악화되면서 본질적인 모습이 드러난다. 가장 먼저, 그녀는 넬리에게 '혼자되는 게 무섭다'고 말한다. 캐서린에게는 필요로 하는 모든 것과 변덕스러운 성격을 맞춰주는 누군가가 항상 곁에 있었다. 아버지, 넬리, 히스클리프, 아니면 에드가이든. 캐서린은 자신의 행동과 판단 때문에 지금 외톨이가 되어 있다는 사실을 깨닫지 못한다.

문학적 장치 캐서린은 또 하나 중요한 사실을 드러낸다. 아이처럼 황무지에서 뛰어놀고 싶다며 이렇게 말한다. "난 히스클리프와 함께할 때까지는 편히 쉴 수 없을 거야." 캐서린은 죽음이 다가오자 살면서 가장 행복했던 어린 시절을 그리워한다. 죽은 후에 히스클리프와 함께하지 않으면 편히 쉴 수 없을 것이라는 말은, 두 사람이 연결되어 있음을 다시 한 번 보여준다.

캐서린은 솔직할 때 가장 사악하다. "난 당신이 필요 없어요, 에드가. 당신이 필요하던 때는 다 지나갔어요." 그러면서도 남편이 허약해진 자신을 돌봐주기를 바라고, 자신 때문에 그가 받는 고통과 고뇌는 알아차리지 못한다. 그녀는 사랑 때문에 고통받는 것이라고 느끼며, 순교자 역할을 즐긴다.

Chapter 13

이사벨라의 편지

에드가는 이어지는 두 달간 캐서린을 돌본다. 이 기간 동안, 캐서린의 임신 사실이 밝혀진다. 에드가는 히스클리프와 이사벨라가 그레인지를 물려받지 못하도록 남자 아이가 태어나기를 바란다.

이사벨라는 집을 나간 지 6주 만에 에드가에게 편지를 보내 결혼을 알리면서 용서를 구한다. 에드가는 답장하지 않는다. 그 후, 미칠 듯한 이사벨라는 넬리에게 편지를 보내 히스클리프의 인간성에 의문을 제기하고, 지금 워더링 하이츠에 살고 있으니 조만간 한 번 찾아와달라고 한다.

편지에는 워더링 하이츠에서 겪은 일들이 적혀 있다. 이사벨라는 헤어튼, 조지프, 힌들리를 만난다. 모두 무례하고 남을 전혀 배려하지 않는다. 실수를 깨달은 이사벨라는 너무 늦었다는 것도 안다. 심지어 잠잘 방 한 칸 얻어내지 못한다. 히스클리프가 돌아와 캐서린이 아프다는 말을 그녀에게 들려주며 에드가를 책망하고, 자기가 에드가 대신 그녀에게 고통을 돌려줄 계획이라고 말한다.

죽음이 임박한 캐서린은 다음번에 황무지에 가면 마지

막이 되리라 예감한다. 캐서린은 그릇된 희망으로 자신이나 에드가를 위로하지 않는다. 에드가는 지극정성으로 캐서린을 간호하지만, 그것이 아내에 대한 사랑 때문일까, 아니면 뱃속에 있는 아기를 위해서일까? 상속자가 없으면 에드가가 사망할 경우, 이사벨라가 스러시크로스 그레인지를 물려받게 된다. 이사벨라가 히스클리프와 결혼했기 때문에, 그의 재산이 원수 차지가 되는 것이다. 에드가는 이런 사태를 원하지 않는다.

에드가가 캐서린을 돌보는 동안, 독자들은 이사벨라의 관점에서 히스클리프를 보게 된다. 넬리에게 보낸 이사벨라의 편지는 애인과 눈이 맞아 달아난 시점부터 일어난 사건을 차례로 설명한다. 이사벨라는 히스클리프가 진정 인간이라고 할 수 있는지 물으며, 악마일지도 모른다고 생각한다. 이사벨라는 결혼이 실수였다는 것과 그 실수를 되돌릴 수 없다는 것을 깨닫는다. 그리고 히스클리프가 캐서린의 고통은 에드가 때문이라며, 그를 비난하고 있다는 사실도 알려준다. 히스클리프는 악마일 수도, 아닐 수도 있다. 분명한 것은 그가 이사벨라에게 생지옥을 안겨주고 있다는 사실이다.

Chapter 14

은밀한 약속

넬리가 워더링 하이츠를 찾는다. 에드가는 이사벨라를 용서하지 않고 있기에, 넬리 편에 아무런 편지도 들려 보내지 않는다. 히스클리프는 캐서린의 상태를 듣고 싶어 안달하며, 넬리에게 몰래 만나게 해달라고 요구하지만 거절당한다. 히스클리프는 약속해 주지 않으면 워더링 하이츠에서 넬리를 내보내지 않을 거고 혼자서 캐서린을 만나러 가겠다고 한다. 그러자 두려움을 느낀 넬리는 캐서린에게 편지를 전하라는 히스클리프의 요구를 마지못해 받아들인다.

14장에서 특별히 중요한 것은 히스클리프가 캐서린에 대한 사랑을 공공연히 드러낸다는 점이다. 히스클리프는 넬리에게 말한다. "캐서린은 에드가를 한 번 생각할 때마다, 내 생각은 천 번도 넘게 한단 말이야! … 비록 에드가가 그 보잘것 없는 몸으로 팔십 평생을 있는 힘을 다해 사랑한다 해도 내 하루의 사랑에 미치기나 할까." 넬리는 히스클리프의 열정과 집착을 두려워하고, 특히 편지를 전달하는 계기가 된다.

히스클리프는 자신과 캐서린, 이사벨라와의 관계를 설명하며 자신을 솔직하게 드러낸다. 그는 자신의 사악함과 잔인함을 인정하면서도 넬리를 자신의 비밀스런 약속에 응하도록 만들 만큼 영리하고 교묘하다.

Chapter 15

: 줄거리

재회

나흘 후, 넬리는 집안 식구들이 모두 교회에 가고 없는 틈을 타서 히스클리프의 편지를 캐서린에게 전한다. 죽음이 임박한 캐서린은 편지를 쥘 수조차 없다. 넬리는 히스클리프가 보낸 편지라고 말하지만, 넬리가 부르기도 전에 (히스클리프는 그레인지 주변을 호시탐탐 엿보고 있었다.) 히스클리프가 불쑥 방 안으로 들어온다.

히스클리프를 본 캐서린은 에드가와 히스클리프가 자신의 가슴을 찢어놓았다고 말한다. 그리고 히스클리프는 여전히 살아 있는데 자기는 죽어간다고 한탄하며, 헤어지지 않으면 좋겠다고 한다. 일종의 감정적 재결합이 일어나고 두 사람은 포옹한다. 그 후, 히스클리프가 캐서린에게 모질게 말한다. "당신은 그럴 만해. 당신이 스스로를 죽인 거야."

광기에 사로잡힌 캐서린이 흐느끼며 말한다. "난 당신을 용서해요. 당신도 날 용서해 줘요!"

히스클리프는 두 사람이 입은 마음의 상처를 캐서린에게 덮어씌우며, 그녀가 두 사람 모두를 죽인 것이라고 생각한다. "당신이 내게 한 일은 모두 용서하지. 나를 죽인 사람을 사랑하니까. 하지만 당신을 죽인 놈은 안 돼. 내가 어떻게 용서할 수 있겠어?"

이때 예배를 마친 에드가가 돌아온다. 히스클리프가 떠나려고 하자 캐서린이 함께 있어달라고 청한다. 그가 그러마고 한다. 넬리가 놀라 소

리치고, 에드가가 걸음을 재촉한다. 캐서린은 기절한다. 에드가가 방으로 들어오고 히스클리프는 죽은 듯이 늘어진 캐서린을 에드가의 품에 넘기며, 자기한테 덤벼들기 전에 캐서린을 먼저 돌보라고 말한다. 넬리는 히스클리프를 내보내며 다음날 아침 캐서린의 상태를 알려주겠다고 약속한다.

　　15장의 시작에서 록우드는 넬리를 '대체적으로 공정하게 이야기하는 사람'으로 표현한다. 그러나 그는 이미 등장인물들을 제대로 판단하지 못하고 있음이 드러났기 때문에 눈치 빠른 독자에게는 먹혀들지 않는다. 넬리는 이야기를 계속한다. 캐서린이 무엇을 말하고, 무엇을 말하지 않는가 하는 점은 그녀의 성격에 관해 설득력 있고 주목할 만한 정보를 준다.

　　캐서린은 히스클리프에게 "당신과 에드가는 내 가슴을 찢어놓았어요"라며, 책임을 두 사람에게 돌린다. 그러나 마음을 열고 히스클리프와 함께 있는 솔직한 순간조차 단 한 번도 결혼을 후회한다고 말하지 않는다. 자신이 땅속에 묻혀 편히 쉬지 못하는데 히스클리프는 행복하다는 캐서린의 얘기는, 그녀의 유령이 18년간 세상을 떠돌며 히스클리프에게서 떨어지지 않으리란 것을 암시한다.

　　두서없이 떠들고 난 캐서린은 용서를 구하지만 히스클리프는 용서를 할 수도 없고, 용서를 해주려고도 하지 않는다. 아마도 이 부분이 그를 괴롭히는 것일지도 모른다. 캐서린의 임종 때 제대로 용서해 주지 못한 기억은 평생에 가장 끔직한 일이 될지도 모른다. 캐서린도 그 가능성을 언급한다. "당신이 노여움을 품고 있으면, 나중에 내게서 들은 심한 말보다 더 아프게 기억될 거야." 어쩌면 캐서린은 생애 마지막 순간에서야 진실한 사랑을 이해하게 되었는지도 모른다.

넬리는 캐서린이 히스클리프의 품에서 정신을 잃었을 때, 죽은 것으로 생각한다. "살아서 주위 사람들에게 짐이 되고 불행만 만들어내느니 차라리 죽는 게 훨씬 낫지." 히스클리프가 캐서린을 에드가에게 넘기고 자신보다 캐서린을 먼저 생각하는 것으로 사랑의 깊이를 드러내듯, 이처럼 냉정하고 무정한 말은 넬리의 진심을 그대로 보여준다. 넬리에게 캐서린의 죽음은 축복이자 부담을 줄여주는 계기가 되지만 히스클리프에게는 바로 지옥의 시작이다.

Chapter 16

  ## 캐서린 언쇼의 죽음

그날 밤 자정 무렵, 캐서린의 딸 캐시가 예정보다 두 달 먼저 태어나고 두 시간 후, 캐서린은 숨을 거둔다. 다음날 아침, 넬리가 그 소식을 히스클리프에게 전하지만 이미 예감하고 있던 일이다. 그는 캐서린이 죽는 순간 자기 이름을 부르지 않았다는 사실에 분노하며, 그녀의 죽음에 낙담한다. 그는 자신의 고통을 한탄하면서 캐서린의 영혼에 저주를 퍼붓는다.

낮에는 에드가가, 밤에는 히스클리프가 캐서린의 관을 지킨다. 히스클리프는 캐서린의 목에 걸어둔 작은 함에서 에드가의 머리카락을 빼내고 자기 머리카락을 넣는다. 에드가의 머리카락을 발견한 넬리는 에드가와 히스클리프의 머리카락을 캐서린의 머리카락과 함께 꼬아서 넣어둔다. 캐서린은 황무지에서 고작 몇 발자국 떨어진 교회 안 묘지 낮은 벽 옆에 묻힌다.

에드가는 16장에서 두 가지 아픔으로 고통받는다. 바로 아내의 죽음과 자신의 재산을 상속받을 수 없는 아이의 탄생. 캐시는 남자가 아니기 때문에 법적으로 에드가의 상속인이 될 수 없다. 복잡하게 얽힌 법률은 스러시크로스 그레인지를 이사벨라에게, 그 다음에는 이사벨라의 아들에게 물려주도록 되어 있다. 하지만 이것이 에드가가 캐시를 사랑하지 않는다는 것을 암시하지는 않는다. 에드가는 캐시를 몹시 좋아한다. 아니, 에드가의 전부다. 단지 원수가 전 재산을 빼앗아갈지도 모른다는 사실이 싫을 뿐이다.

캐서린의 죽음에 충격을 받은 히스클리프는 캐서린의 유령이라도 좋으니 와달라고 간청한다. "내 생명인 너 없이는 살 수가 없단 말이야! 너 없인 살 수 없어." 분명, 히스클리프는 진실한 사랑의 죽음 앞에서 큰 충격을 받는다. 그동안 그가 비열한 행동을 했을지라도 대부분의 독자들은 그의 상실감에 동정을 표하게 된다.

에드가 역시 충격에 빠지지만 캐서린이 좋아하던 황무지 근처에 묻어줌으로써 아내의 성격을 이해하고, 깊은 사랑을 분명히 보여준다. 그는 캐서린이 행복하고 평화롭기를 바란다. 캐서린을 황무지 근처에 묻어주는 것은 자신의 사랑을 표현하는 마지막 방식이다.

Chapter 17

 떠나는 이사벨라

불현듯, 이사벨라가 지친 몸을 이끌고 그레인지에 도착한다. 에드가가 머무르게 하지 않으리란 것을 잘 알기에 도피처를 구하지 않고 도움만 청한다. 이사벨라는 힌들리가 여동생 장례식에 참석하려고 술을 마시지 않다가 장례식 날 아침에 의지를 잃고 다시 마시기 시작했노라고 넬리에게 말한다. 캐서린의 무덤을 지키던 히스클리프가 워더링 하이츠로 돌아오자, 힌들리는 문을 잠그며 그를 죽여버리겠다고 이사벨라에게 말한다. 이사벨라는 힌들리의 의도를 히스클리프에게 전하고 집으로 들어오지 못하게 한다.

창문을 통해 집 안으로 들어온 히스클리프가 힌들리를 때린다. 다음 날 아침, 이사벨라는 모두의 불행은 히스클리프 때문이라고 비난하며, 힌들리에게 지난밤의 구타에 대해 말해 준다. 히스클리프와 힌들리는 다시 싸우기 시작하고, 이사벨라는 도망을 친다. 그녀는 넬리에게 자신의 이야기를 들려주고 나서 런던으로 떠난다. 이사벨라는 린튼을 낳는다. 에드가는 그녀와 의절했음에도 불구하고 서신왕래를 한다. 13년 후, 이사벨라가 세상을 떠난다.

힌들리는 캐서린이 죽고 6개월 뒤, 숨을 거둔다. 넬리는 워더링 하이츠로 돌아와 장례준비도 하고 헤어튼도 보살핀다. 넬리는 힌들리가 많은 빚을 졌고, 집은 히스클리프에게 저당 잡혀 있다는 사실을 알게 된다. 히스클리프는 헤어튼이 넬리와 함께 가는 것을 허락하지 않고, 린튼이 자기 자식이라고 큰소리친다.

16장과는 대조적으로, 히스클리프가 힌들리를 때릴 때, 히스클리프에 대한 독자들의 동정심은 싹 사라진다. 힌들리는 지난 날 저지른 죄와 캐서린의 죽음에 대한 히스클리프의 삐뚤어진 분노와 공격성의 희생양이 되어 두들겨 맞는다.

캐서린이 죽은 후, 머지않아 힌들리도 죽고 만다. 자세한 것은 정확히 드러나지 않지만 히스클리프는 힌들리가 '밤새도록 술을 마시다가 죽은' 것이라고 주장한다. 살인보다는 자살이 더 그럴 듯하다. 히스클리프는 힌들리를 죽일 기회가 있었지만 그렇게 하지 않았기 때문이다.

히스클리프는 린튼과 헤어튼 모두에게 비정하다. 그는 린튼을 '그 놈'이라고 부르며, 전혀 배려하지 않는다. 그리고 헤어튼으로부터 워더링 하이츠를 사실상 빼앗았다. 빚을 지고 있을지라도 헤어튼의 소유이지만, 히스클리프가 담보로 잡고 있기 때문에 그 재산을 차지하게 된다.

17장은 1세대 주인공들과 〈워더링 하이츠〉의 절반이 끝나는 부분이다. 이즈음 히스클리프와 헤어튼은 워더링 하이츠에, 에드가와 캐시는 스러시크로스 그레인지에 있다. 이 소

설의 제2부는 여러 면에서 제1부의 복사판이다. 복수심에 사
로잡힌 히스클리프는 누구든 방해하려는 자가 있다면 기꺼이
파멸시킬 작정이다.

Chapter 18

사랑스런 캐시 아가씨

부모의 이목구비를 닮은 캐시는 워더링 하이츠도, 그곳에 사는 사람들도 모른 채 그레인지에서 자란다. 에드가는 13년 동안 캐시 혼자서는 허락 없이 그레인지를 벗어나지 못하게 한다. 호기심 많은 캐시는 페니스톤 크랙에 요정동굴이 있다는 말을 듣자 아버지에게 데려가 달라고 떼를 쓰지만 워더링 하이츠를 지나야 하기 때문에 내켜하지 않는다.

캐시가 요정동굴에 매달리는 동안, 이사벨라는 에드가에게 편지를 써서 다가오는 죽음을 알리고, 히스클리프에게서 린튼을 떼어놓기 위해 그레인지로 데려가라고 부탁한다. 에드가는 캐시를 넬리에게 맡기고 이사벨라에게 간다.

넬리는 캐시가 그레인지 여기저기를 마음대로 돌아다니며 놀게 한다. 그러던 어느 날 아침, 캐시가 돌아오지 않는다. 직접 찾아 나선 넬리는 캐시의 조랑말이 아침에 울타리를 뛰어 넘어 페니스톤 크랙 방향으로 향한 것을 알게 된다.

넬리는 마침내 워더링 하이츠에서 캐시를 찾는다. 캐시가 요정동굴로 향하고 있는데 헤어튼의 개와 캐시의 개가 서로 뒤엉킨다. 헤어튼과 캐시는 함께 어울려 아주 즐겁게 논다. 그런 와중에 넬리가 도착한 것이다. 넬리는 캐시에게 당장 집으로 돌아가자고 하지만 캐시는 헤어튼에게 무척 관심이 많다. 그러나 헤어튼이 워더링 하이츠 주인의 아들이 아니란

사실을 알자마자 시큰둥해진다. 캐시는 헤어튼이 하인이라고 생각하고, 이것 때문에 헤어튼은 화를 낸다.

한 하인이 헤어튼은 캐시의 사촌이라고 말해 주자, 캐시는 아버지가 사촌을 데리러 런던에 갔다고 대꾸한다. 두 가지 일 모두 넬리를 흥분시킨다. 넬리와 캐시는 캐시가 워더링 하이츠에 갔던 것을 에드가에게 말하지 않기로 약속한다. 두 사람 모두 넬리가 그레인지에서 쫓겨나는 것을 바라지 않기 때문이다.

　　넬리는 자신의 관점에서 제2부 이야기를 시작한다. 그녀는 워더링 하이츠에 간 것을 에드가에게 비밀에 부치기로 한다. 캐시가 그곳에 간 것이 전적으로 넬리의 잘못만은 아니지만 그 일 자체를 없었던 것으로 하는 쪽이 훨씬 낫다. 비난을 감수하기보다는 진실을 피하는 것이 더 쉽기 때문이다.

문학적 장치 캐시가 워더링 하이츠를 방문하고 있을 때, 독자들은 처음으로 헤어튼의 자존심을 살짝 엿볼 수 있다. 헤어튼은 젊은 히스클리프를 생각나게 한다. 사실, 많은 것들이 이전 세대를 연상시킨다. 헤어튼과 캐시가 함께 페니스톤 크랙에서 보낸 것은 히스클리프와 캐서린이 황무지에서 즐거움 가득한 모험을 즐긴 것과 일치한다. 헤어튼이 교육받지 못한 것에 대해 캐시가 보이는 거부반응 역시 캐서린이 히스클리프의 사회적 신분에 거부반응을 보인 것과 흡사하다.

Chapter 19

히스클리프와 이사벨라의 아이, 린튼

린튼이 런던에서 돌아온다. '창백하고 가냘퍼서 꼭 계집애 같은 소년' 은 에드가를 무척 닮았다. 린튼은 너무 병약해 캐시와 함께 놀 수조차 없다. 가족들이 차를 마실 때도 함께 의자에 앉지 않고 소파에 누워 있어야만 한다. 캐시는 린튼을 새로운 애완동물 대하듯 한다. 에드가는 히스클리프가 린튼을 그레인지에서 살게 허락한다면, 린튼이 또래의 놀이친구(캐시)를 갖게 되어 좋을 것이라는 바람을 넬리에게 털어놓는다. 그날 저녁 조지프가 찾아와 린튼을 워더링 하이츠로 데려가겠다고 하자, 에드가의 우려는 현실이 된다. 에드가는 린튼을 깨우지 않고, 다음날 아침에 히스클리프에게 데려다주겠노라고 약속한다.

캐시는 '진짜' 사촌의 도착에 마음이 들떠 있지만(헤어튼을 친척이라고 생각하고 싶지 않다.) 린튼에게 극도의 실망감을 느낀다. 린튼에 대한 캐시와 독자들의 첫인상은 비슷하고 정확하다. 린튼의 상태는, 특히 워더링 하이츠에 산다면 나아지지 않을 것이다.

제2부에서는 2세대 등장인물들이 자세하게 묘사된다.

독자들은 부모와 자식들 사이에 나타나는 의미심장한 유사점
과 차이점을 주의 깊게 관찰해야 한다. 가장 두드러지는 것은
린튼의 외모가 히스클리프를 닮지 않았지만 분명 아버지의 폭
군 같은 성격을 그대로 보여준다. 캐시도 어머니의 자유분방
함을 빼닮은 것 같지만 약간이나마 아버지의 천성이 반영되어
있다. 헤어튼은 이목구비가 고모 캐서린을 닮았지만, 히스클
리프가 길렀기 때문에 성격은 젊은 히스클리프를 닮았다.

Chapter 20

워더링 하이츠의 린튼

　다음날 아침, 넬리가 린튼을 데리고 워더링 하이츠로 간다. 생면부지의 아버지에게 린튼을 데려다주기 위해 넬리는 사실이 아닌 온갖 확신을 준다. 두 사람이 도착하자 히스클리프는 대놓고 아들 린튼을 '재산', 린튼의 어머니를 '정말 고약한 여자'라고 부른다. 그는 아들을 사랑하지 않으면서도 그를 이용해 그레인지를 얻을 수 있는 기회는 반긴다. 넬리가 떠나자 린튼은 절규한다. "날 두고 가지 마! 여기 있기 싫단 말이야!"

　넬리는 린튼에게 거짓말을 잘한다. 이제는 그를 돌볼 필요가 없게 되어 안도하는 것 같다. 분명, 캐시보다 린튼을 보살피기가 힘들 것이다. 히스클리프가 아들을 '재산'이라고 언급할 때, 독자들은 린튼에게 동정심을 느낄지도 모른다. 히스클리프는 린튼이 허약하다는 사실을 견디기 힘들고, 생김새가 외삼촌 에드가를 빼닮아 더욱 밉살스럽다. 히스클리프가 '허여멀건 얼굴에 눈물만 찡찡 짜는 녀석'이라고 린튼을 나무라는 것이 에드가에 대한 분노를 삭이는 유일한 길이다.

Chapter 21

 **히스클리프의 계략**

캐시의 머리에서 린튼에 대한 기억이 사라진 지 3년 후, 캐시와 넬리는 황무지에서 새를 잡으러 돌아다니고 있다. 캐시는 넬리보다 몸이 더 재빠르다. 넬리가 미처 말리기도 전에, 캐시가 히스클리프와 이야기를 나누고 있다. 헤어튼을 알아본 캐시가 전에 만났다는 말을 하자, 히스클리프는 그 말에 대꾸하지 못한다. 그러나 그는 캐시가 전에 자기 아들을 만났었다고 말하며 캐시와 넬리에게 자기 집으로 가자고 한다.

넬리는 히스클리프의 말에 따라서는 안 된다는 것을 알지만, 캐시가 히스클리프의 아들이 누구인지 몹시 알고 싶어하기 때문에 말릴 수가 없다. 히스클리프는 두 사촌을 사랑에 빠지게 만들어 결혼시키겠다고 넬리에게 말한다. 캐시와 린튼이 만났을 때, 처음에는 서로를 알아보지 못한다. 린튼은 이제 캐시보다 키가 크지만 여전히 꽤 병약하다. 린튼은 캐시에게 농가 주변을 보여주는 것이 내키지 않아 집 안에 머물고, 대신 헤어튼이 워더링 하이츠를 안내하러 나간다.

히스클리프는 린튼이 사촌들을 따라가도록 밖으로 내몬다. 넬리는 캐시가 헤어튼이 글을 읽을 줄 모른다고 놀리는 소리를 듣는다.

다음날, 캐시는 워더링 하이츠에 갔던 일을 아버지에게 전부 말한다. 에드가가 캐시에게 왜 사촌과 외삼촌에 대해 숨겼는지 설명하려고 하지만 캐시는 이해하지 못한다. 그는 딸에게 린튼을 만나지 말라고 명령한다.

캐시는 몹시 화를 내고, 린튼과 편지를 주고받는 비밀을 갖기 시작한다. 그동안 캐시가 한 행동을 알아차린 넬리는 린튼이 캐시에게 보낸 편지를 없애버린다. 그러나 에드가에게는 말하지 않는다.

히스클리프는 이것이 법적 분쟁에 대한 안전장치에 불과하다고 하면서, 자신의 계략과 근본적인 이유를 넬리와 독자들에게 밝힌다. 히스클리프가 넬리를 여전히 절친한 친구로 여기고 있는 것이 흥미롭다. 옛날에는 종종, 넬리가 히스클리프의 편을 들었다. 히스클리프는 아직도 넬리를 잘 다룰 수 있다고 생각하는 것이 분명하다. 그의 추측은 정확하다. 왜냐하면 캐시에게 자기 아들을 만나보라고 설득하는 것처럼, 넬리는 워더링 하이츠에 왔던 것을 에드가가 알게 될까봐 크게 걱정하고, '내가 욕을 먹는다고요'라며 한탄하기 때문이다.

히스클리프가 계략을 드러내자 에드가의 상속인은 캐시가 될 것이라며 넬리가 반박한다. 그 후 그가 보이는 반응은 에드가의 변호사가 지금 그의 돈을 받고 있다는 사실을 암시한다. "유언장의 어떤 항목에도 그렇게 물려주도록 되어 있지 않다"는 내용을 히스클리프가 알 수 있는 유일한 방법은 내부 정보밖에 없기 때문이다. 에드가의 변호사가 히스클리프에게 유언장을 보여주었거나, 아니면 적어도 그 내용을 알려준 것이 분명하다.

넬리와 캐시가 워더링 하이츠를 찾았을 때, 린튼은 여전히 무뚝뚝하다. 그는 캐시와 함께 헤어튼이 교육을 제대로 받지 못한 것을 놀려대고, 스러시크로스 그레인지까지 6킬로미터를 걸어갈 수 없다고 징징댄다. 자기는 너무 약해 갈 수가 없으니, 캐시가 와야 한다는 것이다.

다시 한 번, 넬리의 중립성이 기우는 것 같다. 넬리는 캐시의 편지질에 대해 에드가에게 고자질하는 대신, 편지를 모두 태워버리고, 아버지에게 이르겠다고 으름장을 놓을 뿐이다. 넬리는 캐시가 자기 비밀을 지켜주었던 것처럼(18장), 캐시의 비밀을 지켜준다. 이처럼 넬리는 캐시의 친구 역할을 한다. 독자들이 곧 알게 되듯, 넬리가 늘 캐시의 비밀을 지켜주는 것은 아니다.

Chapter 22

스러시크로스에 드리운 먹구름

　겨우내 캐시는 언제 세상을 떠날지 모르는 아버지를 간호하느라 린튼을 생각할 겨를이 없다. 어느 날 산책을 하다 캐시의 모자가 정원 담을 넘어간다. 넬리는 캐시가 담을 넘어 모자를 주워오도록 도와준다. 그러나 반대편에서는 혼자 올라올 수가 없다. 넬리가 담장 문의 열쇠를 찾는 사이에 히스클리프가 나타난다. 그는 캐시가 몇 달 동안 린튼에게 편지를 쓰다가 갑자기 그만둔 사실을 꾸짖으면서 사랑을 가지고 장난을 쳐서 린튼이 마음에 상처를 입고 죽어간다고 말한다. 그는 일주일 동안 집을 비울 것이라며 린튼을 만나러 오라고 부추긴다. 히스클리프의 말에 극도로 죄책감을 느낀 캐시는 다음날 아침 넬리와 워더링 하이츠로 향한다.

　다시 한 번, 넬리는 캐시를 워더링 하이츠에 데려다주지 말아야 한다고 확신한다. 그럼에도 불구하고 캐시는 병든 린튼에게 성의를 보이기로 결심한다. 넬리가 캐시에게 보이는 헌신은 캐서린과 그 딸의 차이를 보여준다. 넬리는 캐서린의

"

이기심과 고집 때문에 신랄하게 그녀를 반박하고 그녀의 삶을 비참하게 만들었지만, 캐시에게는 다르게 반응한다. 진실로 캐시를 좋아하는 넬리는 그녀의 요구를 들어주는 자신의 행동을 쉽사리 합리화한다.

Chapter 23

린튼 도련님과 캐시 아가씨

넬리와 캐시는 내내 비를 맞으며 워더링 하이츠로 향한다. 히스클리프는 정말로 집에 없다. 린튼은 여느 때보다 더 측은하다. 그는 하인에 대해 불평불만을 터뜨리며 캐시에게 찾아와주지 않았다고, 또 찾아오지는 않고 편지를 썼다고 징징거린다. 결혼 얘기도 꺼낸다. 캐시가 린튼의 사랑타령에 짜증을 내면서 그의 의자를 밀쳐버리자 그가 심한 기침 발작을 일으킨다. 린튼은 이것을 기화로 캐시가 자기를 아프게 했다고, 상태를 더 악화시켰다고 주장한다. 그리고 캐시로 하여금 그를 돌봐주면 회복시킬 수도 있겠다는 생각을 하게 만든다. 그날, 비를 맞으며 걸어온 넬리는 감기에 걸린다. 캐시는 아버지와 넬리를 간호하느라 며칠을 보낸다. 그러나 밤에는 에드가와 넬리 모르게 말을 타고 황무지를 가로질러 린튼을 찾아간다.

많은 비평가들이 넬리가 갑작스레 병이 난 것은 급조된 상황으로, 신뢰가 가지 않는다고 생각한다. 그러나 대부분의 비평가들은 넬리의 병이 그럴 듯하지 않을지는 몰라도 가능한 설정이라고 받아들인다. 결국, 넬리의 병은 이야기 구조를 크게 해치지 않을 뿐만 아니라 히스클리프의 복수 계략이 촉진되는 것을 도와준다.

캐시를 린튼과 결혼시키면 히스클리프의 계략에 보탬이 된다. 그러기 위해서는 캐시가 린튼을 좋아해야 한다. 캐시가 린튼에 대한 애정을 언급할 때는 캐서린을 연상시킨다. "잘 달래기만 하면 곧 린튼도 내 말을 잘 들을 거야." 자기 어머니처럼 캐시도 남자를 잘 다룰 줄 안다는 생각에 만족스러워한다.

Chapter 24

싹트는 우정

회복된 넬리는 캐시가 저녁에 안절부절못하는 것을 알아차린다. 넬리는 일찍 잠자리에 드는 척한 캐시를 집 안 어디에서도 찾을 수 없다. 그녀는 캐시의 방에서 캐시가 돌아오기를 기다린다. 돌아온 캐시는 처음에는 어설픈 거짓말을 하려 하지만, 곧 사실을 털어놓는다.

캐시가 워더링 하이츠에 있던 어느 날, 헤어튼이 캐시를 막아서면서 문 위의 이름을 읽을 수 있다고 말한다. 그러나 캐시는 헤어튼에게 숫자를 알고 있는지 묻고, 모른다고 하자 다시 놀려댄다. 이것이 헤어튼의 분노를 사게 되고, 캐시가 린튼과 함께 있는 동안 헤어튼이 방으로 불같이 뛰어 들어와 억지로 린튼을 이층으로 올려 보낸다. 후에 헤어튼이 캐시에게 사과하려 하지만, 캐시는 말을 들으려 하지 않는다.

사흘 후, 캐시가 워더링 하이츠를 찾아가고, 린튼은 며칠 전의 소동에 대해 캐시를 비난한다. 캐시는 워더링 하이츠를 떠난다. 이틀 후, 워더링 하이츠를 찾은 캐시가 마지막 방문이라고 말하자 린튼이 곤혹스러워하며 자신의 행동을 사과한다.

캐시의 이야기를 들은 넬리는 곧 에드가에게 모든 것을 말한다. 에드가는 캐시가 린튼을 계속 찾아가는 것을 금하면서도 직접 편지를 써서 린튼을 그레인지에 오도록 초대하겠다고 말한다.

24장에서 캐시는 중요한 화자 역할을 하면서 워더링 하이츠에 갔던 일을 넬리에게 이야기한다. (후에 넬리가 이것을 록우드에게 다시 전한다.) 많은 독자들이 린튼에 대한 캐시의 헌신에 의아해 한다. 왜냐하면 린튼은 특별히 그럴 만한 가치가 없어 보이기 때문이다. 다시 한 번, 캐시는 헤어튼을 조롱하지만 이번에는 캐시의 말이 린튼에게 상처가 된다. 믿을 수 없지만 그것은 린튼이 캐시에게 책임을 뒤집어씌우는 사건이 된다. 이렇게 함으로써, 린튼은 자기중심적이고 남을 괴롭히는 인물로 일관된 모습을 갖는다.

하지만 넬리는 성향을 갑작스레 바꾼다. 처음으로, 책임감 있고 어른답게 행동하며, 깊어지는 캐시와 린튼의 관계에 대해 거의 모든 것을 에드가에게 이야기한다. 그러나 린튼의 건강상태는 말하지 않는다. 이로 인해 에드가는 딸이 결혼해 집을 지키게 될 것이라는 그릇된 안도감을 갖게 된다.

Chapter 25

에드가의 심경 변화

넬리는 이야기를 중단하고, 이런 일들이 있은 지 이제 겨우 1년이 조금 지났다고 록우드에게 말한다. 록우드는 넬리의 이야기에 흠뻑 빠져 계속 들려달라고 청한다.

캐시는 아버지의 뜻에 따른다. 넬리는 에드가에게 린튼이 허약하다고 말하고, 에드가는 캐시의 행복이 걱정스럽다고 털어놓는다. 그는 캐시가 린튼과 결혼해서 행복해진다면, 설사 그로 인해 히스클리프가 원하는 것을 얻게 된다고 하더라도 개의치 않는다고 말한다.

린튼은 그레인지에 한 번도 오지 않지만, 에드가는 캐시가 한참을 애원하자 황무지에서 린튼을 만나도 좋다고 허락한다.

25장은 짧지만, 두 가지 점에서 매우 중요하다. 우선, 시간의 틀을 인식시켜준다. 즉, 록우드가 그곳에 도착하기 바로 전, 지난 겨울의 이야기라는 것을 알려준다. 둘째, 죽기 전 에드가의 심경변화를 알 수 있다.

현재의 사건들이 바로 지난해에 일어났기 때문에, 록우드가 워더링 하이츠에서 만난 인물들은 일련의 사건에 아직까지도 커다란 영향을 받고 있을지도 모른다. 록우드의 워더링 하이츠 방문을 다시 생각해 보라. 최근에 히스클리프는 아들을, 캐시는 남편을 잃었다. 그 상실에 반응하는 방식은 그들의 천성을 그대로 보여준다.

죽음에 직면한 에드가는 여전히 사태를 잘못 알고 있다. 그는 캐시의 행복만을 바랄 뿐이지만 행복이란 에드가가 캐서린에게 줄 수 없었던 것이었고, 딸에게도 줄 수 없는 것이다.

Chapter 26

 히스클리프의 꼭두각시

황무지에서 처음 만나기로 한 시간, 린튼은 약속 장소에 있지 않고 오히려 워더링 하이츠에서 상당히 가까운 곳에 있다. 넬리와 캐시가 모두 린튼의 건강을 걱정하지만 린튼은 더 튼튼해졌다고 우겨댄다. 린튼은 만나는 내내 까다롭게 굴며, 겁을 먹은 채 자기 집 쪽을 계속 돌아본다. 헤어질 시간이 되자, 캐시는 다음 목요일에 다시 만나기로 약속한다. 집으로 오면서 캐시와 넬리는 린튼의 건강에 대해 이야기하고, 다음 만날 때까지 린튼의 병이 얼마나 악화되었는지 판단을 미루기로 한다.

캐시는 사촌과의 만남에서 감정이 복잡하게 교차한다. 그리고 히스클리프가 두 사람이 만나도록 억지로 떠밀고 있다는 것을 느낀다. 히스클리프의 계략을 이미 알고 있는 독자들은 캐시가 조심해야겠다고 생각한다.

 린튼은 분명 죽어가고 있지만 히스클리프는 여전히 아들을 복수의 수단으로 이용하고, 에드가에게 아무것도 알려줄 수 없는 넬리의 처지는 다가올 납치의 복선을 암시한다.

Chapter 27

히스클리프에게 갇히다

그 후 일주일 동안, 에드가의 건강은 계속 악화되고 캐시는 마지못해 말을 타고 린튼을 만나러 간다. 그들이 만나는 사이 도착한 히스클리프는 에드가가 정말 죽어가고 있는지 알고 싶어한다. 히스클리프는 린튼이 에드가보다 먼저 죽을까봐 전전긍긍이다.

히스클리프는 캐시에게 린튼을 데리고 워더링 하이츠로 가라고 한다. 캐시는 솔직하게 그 집에 가는 것을 아버지가 금했노라고 히스클리프에게 말하지만 결국 아버지의 지시를 어기고 만다. 린튼의 고통스러운 외침과 린튼을 향한 히스클리프의 분노에 사로잡혀 캐시와 넬리는 그 둘을 따라가게 된 것이다.

일단 안으로 들어가자, 히스클리프는 캐시와 넬리를 가둔다. 캐시와 린튼이 결혼하기 전까지는 풀어주지 않을 작정이다. 하룻밤 동안, 히스클리프는 캐시를 침실에 가둔다. 다음날 아침, 히스클리프는 캐시를 풀어주지만 넬리는 5일 동안 가둬둔다. 넬리는 오직 간수 역할을 하는 헤어튼만 보게 된다.

　가없은 린튼은 히스클리프에게 겁을 먹고 있는 것이 분명하다. 그러나 캐시를 꼬드겨 워더링 하이츠로 데리고 온 후에 캐시에게 하는 말투는 아무리 린튼을 불쌍하게 여기는 독자라도 동정심을 잃게 만든다.

　캐시가 갇히고 난 후, 린튼은 그녀에게 히스클리프의 계략을 들려준다. 도망칠 수 없는 운명 같은 느낌이 든다. 히스클리프가 처음으로 법의 테두리를 벗어나 저지른 납치극은 자신을 위한 절망적 행위다. 린튼은 에드가가 죽기 전에 캐시와 결혼해야 하고, 히스클리프가 스러시크로스 그레인지에 대한 정당한 권리를 굳히려면 린튼보다 에드가가 먼저 죽어야만 한다. 히스클리프의 행동은 '목적이 수단을 정당화한다'는 사고방식을 명확하게 보여준다. 그러면서 독자들은 점점 커지는 히스클리프의 힘을 어떻게든 캐시가 막아주기를 바라게 된다. 넬리는 결혼식을 보지 못하지만 캐시와 린튼은 결혼을 한다.

Chapter 28

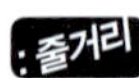 에드가의 죽음

　넬리가 갇힌 지 닷새째 되는 날, 질라가 방으로 들어와 캐시와 넬리가 늪에서 실종되었다는 마을의 소문을 들려준다. 넬리는 린튼을 찾는다. 린튼은 캐시가 갇혀 있으며, 풀어줄 수 없다고 말한다. 넬리는 캐시를 구할 수 없고 히스클리프를 만나기도 내키지 않아 그레인지로 돌아온다.

　넬리는 캐시가 무사하며, 곧 집으로 돌아올 것이라고 에드가를 안심시키고, 하인들을 보내 워더링 하이츠에서 캐시를 데려오도록 한다. 하인들은 빈손으로 돌아온다. 에드가는 유언장의 내용을 바꾸기 위해 변호사인 그린 씨를 부르러 사람을 보낸다. 넬리는 변호사가 도착한 줄 알았는데, 들어온 사람은 캐시이다. 린튼의 도움으로 캐시가 도망친 것이다.

　에드가와 캐시가 재회한다. 에드가는 딸의 결혼생활이 행복하다고 생각하며 만족스레 숨을 거둔다. 그날 저녁 늦게 (히스클리프에게 매수된) 그린 씨가 도착해 그레인지를 접수한다. 넬리를 제외한 하인들은 모두 해고된다. 그는 에드가를 교회 안에 있는 가족 묘지에 매장하려고 한다. 그러나 넬리는 에드가의 유언장에 분명 아내 옆에 묻히기로 되어 있다는 것을 알고 있다. 캐시는 아버지의 매장 때까지 머물러도 좋다는 허락을 받는다.

넬리는 다시 한 번 진실 대신 거짓 편에 선다. 그러나 이 거짓말은 어쩌면 관계된 모든 사람에게 유익한 것처럼 보인다. 이번에는 에드가에게 진실을 이야기한다고 해도 얻는 게 아무것도 없기 때문이다. 린튼이 넬리에게 한 말이 비록 아내를 어떻게 다루어야 하는가에 관한 아버지의 방식을 흉내 내는 것일지라도, 특유의 심약한 방식으로 마침내 아버지에게 반기를 들어 캐시를 도망치게 한다.

변호사인 그린 씨는 히스클리프가 어느 정도로 간섭했는지를 상징적으로 보여준다. 히스클리프는 돈과 영향력을 이용해 법을 유리하게 바꾸고, 변호사를 부추겨 에드가를 희생시킨다. 히스클리프가 넬리를 그레인지의 관리인으로 남겨두는 것은 자기에게 충실하게 행동한 것에 대한 보상일 뿐만 아니라, 그의 실용적인 행동양식을 잘 보여준다.

Chapter 29

워더링 하이츠로 향하는 캐시

캐시를 집으로 데려가려고 온 히스클리프는 그녀를 도망치게 한 린튼에게 벌을 주었다고 말한다. 히스클리프는, 캐시가 그레인지에서 사는 것을 허락하지 않는다. 특히 린튼이 죽은 후에는 더욱 그렇다. 법적으로는 린튼과 히스클리프가 캐시보다 그레인지에 대한 권리를 더 많이 가지고 있다. 따라서 캐시는 시아버지의 지시에 따를 수밖에 없다.

캐시는 히스클리프에게 린튼을 사랑하며, 히스클리프는 세상에 혼자뿐인 외톨이라고 큰소리로 대든다. 캐시가 자기 물건들을 챙기는 동안, 히스클리프는 넬리에게 자신은 유령을 믿는다고, 특히 캐서린의 유령을 믿는다고 털어놓는다. 캐서린이 묻힌 지 18년이 흘렀어도 캐서린의 존재를 느끼고, 캐서린을 보았다는 것이다. 히스클리프는 떠나면서, 환영받지 못할 테니 워더링 하이츠에는 얼씬도 하지 말라고 넬리에게 지시한다.

: 풀어보기

린튼을 대하는 히스클리프의 잔인함은 세세하게 묘사되어 있지 않고, 어느 정도는 독자들의 상상에 맡긴다. 히스클리프는 린튼이 다시는 자신을 거스르지 못할 것이라는 점을 분명하게 밝힌다.

히스클리프가 아들에게 벌을 주었지만 전혀 감정이 없는 사람은 아니다. 그는 캐서린을 잃고 몹시 아파한다. 많은 독자들이 히스클리프의 행각을 모두 알면서도 그에게 동정심을 느끼는 것을 보면 이상하다. 히스클리프가 18년 동안 고통스러웠다는, 캐서린과 다시 이어지길 갈망했지만 할 수 없었다는 설명을 통해 브론테는 동정심을 불러일으킨다. 영원히 캐서린과 하나가 되려는 히스클리프의 갈망은 낭만주의, 그리고 사랑의 상실로 고통받는, 진정으로 사랑에 빠진 남자의 상징이다. 그러나 29장 끝부분에서 넬리를 워더링 하이츠에 오지 못하도록 해서, 결국은 캐시를 새로운 집에 혼자 남겨두는 것을 보면 여전히 비정한 인물이다.

Chapter 30

:줄거리   질라의 이야기

30장에서 넬리의 이야기가 끝난다. 이제 질라가 넬리에게 캐시 소식을 알려주는 정보원(情報源) 역할을 한다. 히스클리프의 명령에 따라 질라는 캐시가 처음 워더링 하이츠에 왔을 때, 그녀를 도와주지 않는다. 헤어튼 역시 캐시를 위해 아무것도 할 수가 없다. 캐시는 린튼이 죽는 날까지 그를 돌본다. 린튼이 죽은 후, 캐시는 질라나 헤어튼에게 자기를 친절히 대하지 못하도록 한다. 30장 끝부분에서 건강이 회복된 록우드는 그레인지에 다른 임차인을 찾아보라는 말을 히스클리프에게 전해 달라고 넬리에게 말한다.

:풀어보기

넬리의 이야기가 끝났다는 것은 록우드가 처음 워더링 하이츠를 방문했던 1장으로 한 바퀴 돈 것을 의미한다. 캐시는 아버지가 죽은 이후의 (히스클리프의 지시에 따른) 냉대 때문에 질라나 헤어튼에게 친절히 대하지 않는다. 그래도 캐시와 헤어튼 사이에는 애정이 분명 존재한다. 헤어튼은 캐시에게 음식도 건네고 난로가의 자리도 내어준다. 캐시 또한 손에 닿지 않는 책을 꺼내는데 헤어튼의 도움을 받는다. 누구도 상대방에 대해 약간의 관심조차 인정하고 싶어하지 않지만 두 사람 모두 다정했던 첫 만남을 기억하고 있다.

인물 탐색 힌들리가 캐서린과 히스클리프의 사이를 방해했기 때문에 히스클리프는 헤어튼과 캐시 사이에 우정이 싹트는 것을 막고 싶어한다. 자신이 비참하기 때문에, 다른 누구의 행복도 견뎌낼 수가 없는 것이다.

Chapter 31

  우직한 헤어튼 언쇼

록우드는 워더링 하이츠로 가면서 넬리의 쪽지를 캐시에게 전해 준다. 헤어튼이 먼저 그 쪽지를 낚아채지만 캐시가 눈물을 흘리자 돌려준다. 그녀는 여전히 헤어튼에게 냉정하게 굴면서, 글을 읽으려는 그를 놀린다. 당황한 헤어튼은 자신의 책들을 불길 속으로 던진다.

돌아온 히스클리프는 헤어튼이 점점 더 캐서린을 좋아한다고 언급한다. 이것은 히스클리프가 예측하지 못한 일로, 괴로운 듯하다. 이제는 잃어버린 사랑에 대한 기억 외에, 고모를 닮은 헤어튼을 견뎌내야만 한다. 추억과 함께 눈앞의 존재가 히스클리프를 힘들게 만들기 시작하는 것이다.

문학적 장치 31장은 소설의 결말을 암시한다. 히스클리프의 성질이 한풀 꺾이고, 복수 계획은 이제 중요해 보이지 않는다. 캐시와 헤어튼은 여전히 아옹다옹해도 친근한 관계가 싹트고 있다. 록우드는 여전히 이방인이지만 사건의 화자이고, 그 일들이 아직 결론에 이르지 않았으므로 더 알아야 할 사실이 많다.

Chapter 32

헤어튼 언쇼와 캐시 린튼의 사랑

6개월 후, 인근 지역에 있다가 그레인지로 돌아온 록우드는 넬리가 워더링 하이츠에 살고 있다는 것을 알게 된다. 넬리는 워더링 하이츠를 찾은 록우드에게 그가 떠난 후 일어난 일을 들려준다.

록우드가 그레인지를 떠나고 2주가 지난다. 넬리는 워더링 하이츠로 와서 캐시와 함께 지내라는 지시를 받았다고 한다. 질라가 떠났기 때문이

다. 캐시는 넬리에게 헤어튼을 놀린 것은 잘못이었다고 고백한다. 헤어튼은 캐시를 피하고, 히스클리프는 모두로부터 멀어져 있다.

헤어튼이 오발로 자기 총에 맞아 집에 있게 되자, 헤어튼과 캐시는 다투지만 결국 화해하고 사촌으로 사이좋게 지내기로 한다. 평화가 찾아오고 캐시는 책을 한 권 포장해서 넬리에게 주며 헤어튼에게 건네라고 한다. 캐시는 헤어튼이 그 책을 받으면 글 읽는 것을 가르쳐주고 다시는 놀리지 않겠다고 맹세한다.

32장은 1802년의 어느 날 시작된다. 이것은 1장을 상기시킴과 동시에, 록우드가 맨 처음 일기를 쓰기 시작했던 때로부터 시간이 흘렀음을 알려준다. 록우드는 돌아와서 황무지의 겨울과 여름의 차이를 알게 된다. 다시 한 번, 이중성격이라는 개념이 나타난다. 〈워더링 하이츠〉는 대비를 기본으로 하기 때문이다. 결말에 가까워지면서, 미리 보여주긴 했지만 명확하게 알려주지 않았던 주제가 직접적으로 드러난다.

문학적 장치 록우드가 워더링 하이츠에 도착했을 때는 더 이상 자물쇠는 보이지 않는다. 이것은 변화의 첫 번째 표시다. 꽃과 과일 향기가 그 두 번째 변화다. 넬리는 히스클리프가 3개월 전에 죽었다고 말하면서, 록우드가 없는 사이에 있었던 자세한 이야기를 들려준다.

32장에서 처음으로 용서가 시작된다. 캐서린의 죽음을 연상시키는 장면에서 캐시는 용서를 청한다. 이때, 캐시를 용서하는 사람은 히스클리프가 아니라 헤어튼이다. 헤어튼과 캐시가 한편이 되면서, 2세대는 1세대의 실수를 다시 반복하지 않게 된다. 이제 밝혀져야 할 것은 히스클리프의 죽음뿐이다.

Chapter 33

죽음의 그림자

아침을 먹는 도중에 헤어튼이 캐시의 편을 들어 히스클리프에게 대든다. 히스클리프는 캐시를 때리려고 하다가 그녀의 눈을 보면서 자제한다. 그날 밤 늦게 히스클리프는 헤어튼과 캐시가 함께 앉아 있는 것을 본다. 캐시의 눈동자와 헤어튼의 존재는 캐서린을 생각나게 한다. 이 순간, 히스클리프는 복수 생각이 없다고 넬리에게 털어놓는다. 히스클리프는 워더링 하이츠의 구석구석에서 끊임없이 캐서린 생각이 나고, 이것 때문에 고통스럽다.

캐시와 헤어튼이 친구가 되면서 히스클리프는 복수에 대한 열망을 잃는다. 그는 캐시에게 말도 건네지 않지만, 헤어튼은 캐서린(모습)과 자기 자신(인격)을 형상화한 존재다. 따라서 이승의 현실이 미칠 지경이고, 점점 더 자주 혼자 있으려고 한다.

"

Chapter 34

   히스클리프의 최후

　　히스클리프는 계속 혼자 있으려고만 하고, 식사도 하루에 한 번만 한다. 며칠 후 어느 날 밤, 히스클리프는 집을 나가 밖에서 밤을 지새운다. 아침에 돌아온 그에게 캐시는 기분이 꽤 좋아보인다고 말한다. 히스클리프는 아무것도 먹지 않는다. 넬리가 목사를 불러 오자고 하자, 히스클리프는 비웃으며 자신이 원하는 장례식을 상기시켜준다. 그 후, 넬리는 의사를 부르러 보내지만 히스클리프는 의사를 만나지 않는다. 다음날 밤, 넬리는 히스클리프가 숨을 거둔 것을 발견한다. 헤어튼만이 유일하게 히스클리프의 죽음을 슬퍼한다. 히스클리프의 바람대로 장례식을 치러준다. 마을사람들은 히스클리프가 누군가와 황무지를 산책하는 것을 보았다며 수군거린다.

　　캐시와 헤어튼 사이에 점점 무르익는 사랑이 히스클리프의 상처를 더욱 아프게 한다. 히스클리프는 죽음이 다가오자 캐서린처럼 아무것도 먹지 않는다. 이것은 의도적인 단식이다. 음식은 더 이상 히스클리프를 지탱하지 못하고, 무언가

그 이상의 것으로 기운을 얻어야 한다. 히스클리프는 캐서린
과 하나가 되고 싶어하며, 고통에 휩싸인다.

　독자들은 괴물 히스클리프가 그동안 해왔던 행동들을
잊지는 못해도 쉽게 용서한다. 왜냐하면 그는 예전 모습의 불
쌍한 그림자이기 때문이다. 〈워더링 하이츠〉는 사랑으로 증오
를 이긴다는 보편적인 진리를 보여주며 대단원의 막을 내린다.

인물분석
노트

❍ 히스클리프

캐서린과 헤어튼을 제외한 모두에게 비인간적인 괴물처럼 보이는 인물이다. 심지어는 악마의 화신처럼 여겨지기도 한다. 문학적 관점에서 보자면, (비장하고 감상적이며 우수에 잠긴) '바이런적 영웅'*의 이미지를 보여준다. 사람들에게 배척당했기 때문에 따뜻함이라고는 눈 씻고 찾아볼 수 없는 폭풍 같은 감정을 지닌 사내다. 또한 모든 것을 자기 뜻대로 하는 반항적 영웅이고, 비열하면서도 동정심을 자아낸다. 그의 유일한 열정은 캐서린이지만 진정한 사랑에 대한 헌신에는 용서가 들어설 자리가 없는 것 같다.

독자들은 그의 분노가 워더링 하이츠에서 상실한 위치와 에드가에게 캐서린을 빼앗긴 것에 초점이 맞춰져 있는지, 아니면 인간으로서의 위엄에 관한 신념에 맞춰져 있는지 판단해야 한다.

대부분의 독자들이 그를 이해하는 데 어려움을 겪는 이유는 그의 사랑이 깊은 만큼 증오 또한 깊다는 사실 때문이다.

---

* **바이런적 영웅**(Byronic hero) : 시인 바이런Byron은 'Arch-Romantic Hero'를 창조해냈는데, 후세의 작가들이 이를 흠모하고 모방했다. 그 인물이 바로 '바이런적 영웅'인데, 소외되고 신비스러우며 종종 암울한 성격을 드러내고, 평범한 사람과는 다른 열정을 지녔다. 인간의 한계를 뛰어넘는 목적을 품고, 자신만의 법칙에 따라 그 목적을 집요하게 추적한다. 그런데 그 목표는 대개 반사회적이다. 바로 그 이유 때문에 그의 운명은 불가피한 비극으로 막을 내리게 되는 경우가 많다. '바이런적 영웅'은 그리스 신화의 프로메테우스를 원형으로 하고, 〈워더링 하이츠〉의 히스클리프와 〈모비딕〉의 에이허브 선장으로 이어진다. 역자 주.

따라서 동정을 받는 만큼 경멸도 받는다.

○ 캐서린 언쇼

자유로운 영혼의 본보기로 간주되는 캐서린은 두 세계로 나뉜다. 한쪽에서 캐서린은 영혼의 짝인 히스클리프와 함께하고 싶어한다. 황무지에서 함께 자라고 뛰놀던 생활은 자유와 어린 시절의 순수를 상징한다. 다른 한편으로는 에드가와의 결혼이 사회적으로 어떤 의미인지 잘 알고 있고, 에드가가 줄 수 있는 것들에 즐거움을 느낀다. 결국은 자기도취적이고 이기적인 인물이다. 히스클리프와 에드가 모두를 사랑한다고 말하지만, 사실은 자기 자신을 더 사랑한다. 그리고 이런 자기중심적 사랑은 자신을 좋아하는 모든 사람들을 아프게 만든다.

죽음이 임박해서야 비로소 에드가를 포기하고 오직 히스클리프를 향해 돌아서지만 그는 그녀를 완전히 용서하지 않는다. 이 점 때문에 에드가는 캐서린을 조건 없이 사랑하고 그녀에게 모든 것을 주는 인물로 비쳐진다.

○ 에드가 린튼

변함없는 태도와 부드러움을 소유한 전형적인 빅토리아 시대의 영웅을 상징하는 인물. 그러나 감정 없는 지식인은 긴 안목에서 보자면 캐서린을 행복하게 해줄 수 있는 유형의 사람이 아니다. 그 누구보다 캐서린을 사랑하고 이해하지만 나홀로 사랑은 그 관계를 지속시켜 나가지 못하고, 결국 모든 것을 히스클리프에게 잃는다. 아내, 여동생, 딸, 그리고 집까지. 선이 언제나 악을 이기는 것은 아니기 때문이다. 히스클리프 와 대비되는 인물.

○ 캐시 린튼

부모의 성격을 그대로 물려받은 캐시의 성격이야말로 과거를 바꿔나가는 열쇠라고 할 수 있다. 자유분방함과 고집 스러움이 그녀를 워더링 하이츠로 이끌어 그곳과 관계된 문제 와 함정에 빠지게 만든다. 그러나 끊임없는 헌신적 애정, 선한 마음, 인내는 워더링 하이츠에 질서와 사랑을 되돌려놓고, 히 스클리프의 복수계획을 저지시킨다.

캐서린의 존재가 책 내용의 절반을 차지하듯, 캐시의 역할이 나머지 절반을 차지한다. 에드가는 캐시를 워더링 하 이츠(그리고 히스클리프)로부터 멀어지게 만들려고 하지만 한 남자에 대한 이끌림과 독립심(어머니의 성격을 반영)은 다 시 한 번 에드가의 호소를 무력하게 만든다.

○ 헤어튼 언쇼

히스클리프에게 린튼보다도 더 자식 같은 인물. 아버지 로 알고 있는 히스클리프에 대한 애정을 유지하면서 고결함을 드러내며, 유산을 빼앗겼음에도 그에게 원한을 품지 않는다. 히스클리프는 헤어튼을 보면서 힌들리가 자기에게 했던 행동과 캐서린을 떠올린다. 헤어튼은 캐시를 위해 히스클리프에게 대들기도 한다.

사랑을 해본 적이 없기 때문에 독자들은 그의 사랑 능력에 의문을 품을 수 있지만 끝부분에서 캐시와 짝이 되는 모습은, 환경이 달랐다면 히스클리프가 했음직한 행동을 암시하는 것 같다.

○ 엘렌(넬리) 딘

작품의 주된 화자로서, 방관자이자 내부자 역할을 한다. 넬리는 히스클리프와 캐서린이 보여준 잔인함을 구체적으로 드러내지 않지만 종종 주변에서 일어나는 갈등을 즐기며 부추기기도 한다. 히스클리프의 잔혹함과 캐서린의 자기중심적인 성격이 결합된 인물이라고 할 수 있다.

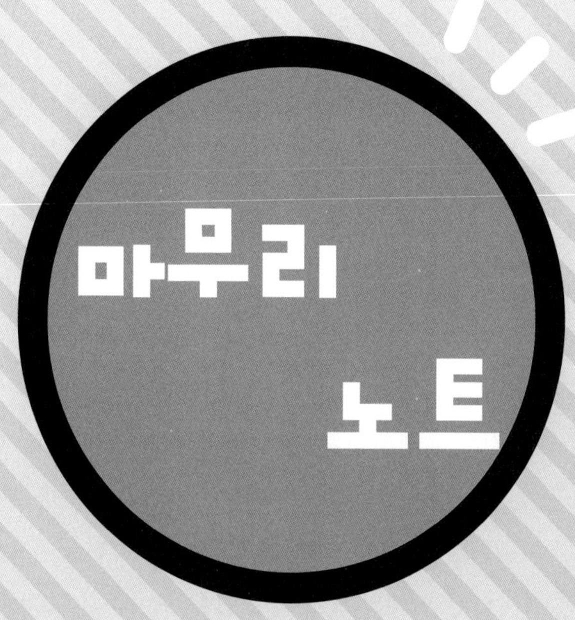

마무리
노트

이야기 구조

록우드와 넬리가 주요 화자의 역할을 하고 있을지라도 히스클리프, 이사벨라, 캐시, 질라 등 다른 인물도 그 역할을 일부 담당한다. 그들은 한 장(章) 혹은 두 장 정도를 서술하며 인물과 이야기의 전개상황을 드러낸다.

캐서린은 독자들에게 직접적으로 이야기하지 않는다.(인용된 대화는 제외) 그러나 일기를 통해 히스클리프와 함께했던 황무지에서의 유년시절과 조지프와 힌들리에게 받았던 학대의 중요한 단면을 보여준다. 모든 목소리가 함께 얽혀 조화로운 이야기를 들려주는데, 처음에는 록우드의 질문에 답하며 그에게 이야기하는 형식이지만, 독자를 대상으로 스러시크로스 그레인지와 워더링 하이츠에 사는 사람들의 뒤얽힌 삶에 대해 다양한 시각을 제공하기도 한다.

브론테는 이야기에 담긴 의미가 그대로 전달되도록 하기 위해 객관적인 관찰자들을 내세우는 것처럼 보인다. 사건과 직접 관련이 없는 제3자의 관찰은 편향되지 않을 것으로 추정할 수 있지만 유감스럽게도 객관적으로 보이는 록우드와 넬리를 자세히 들여다보면 편견이 그대로 드러난다.

예를 들면, 록우드의 서술은 대부분의 사건이 이미 벌어지고 난 후에 시작하고 있다. 따라서 주요 이야기는 플래시

백*으로 들려준다. 그러나 록우드가 히스클리프를 비롯한 워더링 하이츠의 사람들과 연결되어 있기 때문에 그의 객관성은 옅어진다. 록우드가 일기에 기록한 것은 넬리가 들려준 이야기가 아니라 자기의 기억과 넬리의 이야기에 대한 해설과 설명이다.

더욱이 넬리의 이야기는 독자들을 직접적으로 끌어들이고, 사건에 사로잡히게 만든다. 과거사를 들려주면서, 미래의 사건을 암시하기도 하는데, 이것이 긴장감을 불러일으키고 독자를 사로잡는다.

그러나 넬리가 사건들에 연루되어 있다는 사실은 그녀의 행동이 위선적이기 때문에 문제가 있다. 즉, 때때로 히스클리프가 아닌 에드가를 선택하기도 하고(아니면 정반대), 어떤 때는 캐시를 도와주다가 배반하기도 한다. 그러나 꽤 매혹적인 화자이므로 독자들은 그녀의 단점을 이해하고 넘어간다.

어쨌거나 록우드와 넬리는 독자를 작품 속의 세계로 이끌어주는 촉매일 뿐이다. 따라서 독자들은 책을 읽어가면서 그 어느 화자보다 훨씬 많은 내용을 알게 된다.

---

* **플래시백**(flashback): 소설, 영화, 연극 등에서 장면의 순간적인 전환을 지칭.

계급 구조

빅토리아 시대는 사회적 신분이 단지 부(富)에 의해서만 정해지지 않았다. 오히려 수입의 원천, 출생, 가족관계가 사회적 지위를 결정하는 데 커다란 역할을 했다. 더욱 중요한 것은, 대부분의 사람들이 이런 신분제도를 기꺼이 받아들였다는 점이다. 돈 이외에도, 태도, 말, 의복, 교육, 가치기준이 그들의 계급을 드러냈다. 계급은 상류층(엘리트층), 중간계층, 노동계층으로 크게 나뉘었고, 그 속에 다시 세부적인 분류가 존재했다.

이 작품의 등장인물들은 계급 구조를 지닌 사회의 성격을 그대로 보여준다. 린튼 가문은 이 소설 속에서는 최고의 엘리트 집안이라고 할 수 있고, 스러시크로스 그레인지는 워더링 하이츠보다 훨씬 고급스런 저택이지만 영국 전체의 계급 구조에서 보면 최상류층이 아닌 전문직 중간계층에 속한다.

워더링 하이츠가 농가이기는 해도 언쇼 가문은 하인을 부리는 지주였기 때문에 노동계급은 아니다. 사회적으로는 린튼 가문보다 못하지만, 그렇다고 현저하게 낮지는 않다.

언쇼 가문의 하인 넬리는 중하층, 즉 비육체 노동자를 상징한다. 하인들은 육체노동자보다는 신분이 높은데, 이것이 히스클리프에 의해 야기된 문제를 설명해 준다.

고아인 히스클리프의 신분은 그 어떤 등장인물보다 낮

다. 노동계층의 아이를 데려다가 중상층의 구성원으로 신분을 상승시켜주었다는 이야기는 들어본 적이 없다. 언쇼 가문의 아이들과 함께 자란 넬리조차 자기 신분이 어린 시절 친구들(언쇼 가문의 아이들)보다 낮다는 사실을 잘 알고 있었다. 따라서 언쇼가 히스클리프의 신분을 올려주고 친아들처럼 대했다는 사실은 사회적 기준을 거스른 것이다.

이와 같은 신분상승과 박탈의 조합은 왜 힌들리가 아버지의 죽음 이후 히스클리프를 이전의 낮은 신분으로 되돌려 놓았는지, 왜 히스클리프는 힌들리의 아들 헤어튼이 평범하고 무식한 노동자 수준으로 전락한 사실에서 안도감을 느끼는지를 설명해 준다. 캐서린이 에드가와 결혼한 이유 역시 사회적 신분 때문임이 틀림없다. 그가 제공할 수 있는 사회적 안락함에 끌린 것이다. 그밖에 납득할 만한 다른 이유가 없다. 순진한 캐서린은 에드가와 결혼하면 자신의 지위와 돈을 이용해 히스클리프를 도와줄 수 있을 것이라고 생각하지만 그런 일은 결코 일어나지 않는다.

돌아온 히스클리프가 부자란 사실이 에드가가 히스클리프를 같은 부류의 사람으로 받아들이기에 충분한 이유가 되지는 못한다. 히스클리프는 이사벨라를 부추긴다. 캐서린과 이사벨라는 평범한 노동자 히스클리프에게 품은 감정 때문에 각각 오빠의 호의를 잃는다. 힌들리와 에드가는 동생의 선택을 받아들일 수가 없다. 여자가 계급을 저버리면 가족과 계급을 배반하는 것이 된다. 둘 다 받아들일 수 없는 행동이다.

주요 주제

이 작품의 주요 주제인 사랑의 본질, 즉 낭만적이고 깊지만 선정적이기보다는 몹시 기묘한 사랑은 주인공들뿐만 아니라 주변 인물들에게도 그대로 적용된다. 그리고 모든 인간관계는 특정한 지점에서 얽히게 된다. 사랑에 대한 브론테의 탐구는 선과 악의 대결 구도(사랑 대 증오의 대결 구도를 이야기하는 또 다른 방식)에서 가장 명확하게 논의될 수 있다. 선과 악의 대비는 쉽게 이해되지만 그 차이는 등장인물과 그들의 행동에 확실하게 적용되지는 않는다.

이 작품에서 가장 중요한 인간관계는 히스클리프와 캐서린의 관계다. 두 사람의 사랑은 평범하지 않다. 사실, 이 세상의 사랑 같지가 않고, 지구상의 모든 사랑을 훌쩍 뛰어넘어 영적인 곳에 속해 있는 듯하다. 그들의 사랑은 서로의 배신에도 불구하고 도저히 어쩔 수 없는 것처럼 보이며, 단순한 성적 욕망은 아니다. 어쨌거나 서로를 배신하는 모습을 보면 자신들의 사랑의 본질을 이해하지 못하고 있다. 둘은 서로를 사랑하는 것만큼 사랑하지 않는 다른 사람과 결혼한다.

사랑의 힘과 대비되는 것은 증오의 힘이다. 히스클리프는 증오를 극단적으로 보여준다. 그 증오는 처음에는 힌들리,

그 다음에는 에드가, 그리고 그 후 어느 정도는 캐서린에게 맞춰진다. 그는 증오 때문에 또 다른 주요 주제인 복수를 마음속에 품는다. 증오와 복수는 이기심과 뒤엉켜 모순적인 감정을 드러내게 하고, 결국 논리적으로 설명할 수 없는 일을 저지르게 만든다. 그리고 어떤 선택에 대해서는 뉘우치는가 하면, 어떤 선택에 대해서는 만족스러워한다.

이런 정서가 등장인물들 대부분을 전형적인 인물 이상으로 완벽하게 만들어준다. 그들은 특정한 감정을 상징하는 대신, 현실적인 인물들—진정한 감정, 때로는 그다지 좋다고만은 할 수 없는 감정을 지닌 사람들—을 사실적으로 상징하고, 결점을 보완하는 하나 이상의 특징이나 행동을 보여준다. 그리고 이런 모습을 통해 독자들은 감정이입을 할 수 있다. 그 이유는 등장인물들의 복잡한 성격은 물론, 오늘날의 사람들과 흡사하게 행동했던 빅토리아 시대의 삶을 제대로 묘사했기 때문이다.

히스클리프의 집착

작품을 통틀어 히스클리프의 성격을 규정하는 두 가지 집념이 있다. 바로 캐서린과의 사랑에 대한 갈망과 복수다. 집착의 대상인 캐서린은 그에게는 삶의 본질이라고 할 수 있지만 어떤 면에서는 그가 자신의 사랑을 망쳐놓는다. 캐서린이 죽고 난 후에 집착이 더욱 강렬해지는 것은 얄궂은 일이다.

히스클리프는 캐서린을 향한 사랑을 통해 힌들리의 학대를 견뎌낸다. 그러나 캐서린과 넬리가 나누는 말을 우연히 엿듣고는 집을 나가버린다. 캐서린 곁을 떠난 히스클리프의 생활은 밝혀진 바가 없다.

부자가 되어 돌아온 그는 캐서린이 이끌린 상류사회로의 진입을 시도한다. 캐서린은 여전히 에드가보다 그를 더 좋아하지만 그에게 가지는 않는다. 히스클리프는 캐서린 곁을 맴돈다. 끊임없이 스러시크로스 그레인지를 염탐하며 연신 드나들고, 두 사람이 하나가 될 수 있도록 캐서린의 무덤 옆에 묻히기를 갈망한다. 그는 에드가와 결혼한 캐서린을 완전히 용서하지 못한다. 복수심이 사랑에 대한 집념을 압도하는 것 같다.

캐서린이 죽고 난 이후, 히스클리프는 힌들리의 집과 아들을 손아귀에 넣고, 에드가의 모든 것을 가지려고 한다. 그리고 끊임없이 캐서린에게 사랑을 고백했음에도 불구하고, 아무런 거리낌 없이 캐시의 인생을 망치려고 든다. 그는 여러 모습을 지닌 세계를 흑과 백의 관점에서 바라본다. 가진 자의 세계와 가지지 못한 자의 세계. 그리고 머지않아 제3자가 되고, 이어서 자신을 받아들이지 않았던 워더링 하이츠와 스러시크로스 그레인지 사람들로부터 모든 것을 빼앗기로 결심한다. 그에게 복수는 사랑보다 더 강한 감정이다.

이 부분은 원작에 대한 이해력을 테스트하는 난입니다. 다음의 세 가지 코너를 차례로 끝내면, 〈워더링 하이츠〉에 대한 포괄적이고 의미 있는 파악이 가능해질 것입니다.

A 빈칸에 알맞은 단어를 써넣으시오.

1. 히스클리프와 캐서린은 함께 (　　　　　　　)에서 놀면서 자란다.

2. 캐서린은 히스클리프를 사랑하지만 (　　　　　　)와(과) 결혼한다.

3. 결혼 이후, 히스클리프는 (　　　　　　)에서 살기 위해 워더링 하이츠를 떠난다.

4. 히스클리프는 캐시와 (　　　　　)의 결혼을 종용한다.

5. 소설 끝부분에서 캐시는 (　　　　　)와(과) 결혼할 계획이다.

모범답안: 1. 황무지　2. 에드가　3. 스러시크로스 그레인지　4. 린튼　5. 헤어톤

B **원작에서 다음 인용구를 찾아 어떤 상황에서 누가 누구에게 하는 말인지 간단히 쓰시오.**

1. "들어와! 들어와!" 그는 흐느껴 울었다. "캐서린, 제발 들어와! 오, 제발, 한 번만! 아, 내 사랑! 이번만은 내 말을 들어줘, 마지막 한 번만!" (3장)

2. "그러나 지금 히스클리프와 결혼한다면 격이 떨어지지. 그래서 내가 얼마나 그를 사랑하고 있는가 하는 것을 그에게 알릴 수가 없어. 히스클리프가 잘생겼기 때문이 아니라, 넬리, 그가 나보다도 더 나 자신이기 때문이야. 우리의 영혼이 무엇으로 되어 있든 그의 영혼과 내 영혼은 같은 거고, 린튼의 영혼은 달빛과 번개, 서리와 불 같이 전혀 다른 거야." (9장)

3. "에드가에 대한 내 사랑은 숲 속의 나뭇잎과 같아. 겨울이 나무를 변화시키듯, 에드가에 대한 사랑도 시간이 변하게 한다는 것을 잘 알아. 하지만 히스클리프에 대한 내 사랑은 저 깊은 곳, 영원히 변치 않는 바위를 닮았어." (9장)

4. "나의 동반자이면서 동시에 그와 친구가 될 수는 없어요. 당신이 어느 쪽을 택하려는지 확실히 알아야겠어." (11장)

5. "나 혼자 거기 누워 있지는 않겠어. 땅을 아주 깊이 파서 나를 거기에 묻고 그 위에 교회를 지어도 난 히스클리프와 같이 있지 않으면 편안히 잠들지 않을 거야. 절대로." (12장)

6. "내가 캐서린의 마음을 아프게 한 게 아니라 당신이 아프게 한 거야. 그리고 그렇게 내 마음도 아프게 했어." (15장)

7. "귀신이라도 좋아. 그러니 언제까지나 나와 함께 있어. 차라리 날 미치게 해줘! 제발 널 찾을 수 없는 이 지옥 같은 세상에 날 버려두지 마! 아, 하느님. 난 견딜 수가 없어. 내 생명인 너 없이는 살 수가 없단 말이야! 너 없인 살 수 없어." (16장)

8. "맘껏 나를 경멸해도 좋아. 난 정말 보잘것없는 겁쟁이야. 그런 경멸을 받아도 싸! 하지만 난 네 경멸을 받을 만한 가치도 없는 인간이니까 미워하려면 우리 아빠나 미워해!"(27장)

9. "당신은 사랑해 주는 사람이 없어요. 당신이 우리를 아무리 비참하게 만든다 하더라도, 당신의 그 잔인함이 자신의 비참함에서 나온 것이라고 생각하면 그리 속상하지도 않아요. 당신은 비참해요, 아시겠어요? 악마처럼 외롭고 질투심에 사로잡혀 있죠. 아무도 당신을 사랑하지 않아요. 당신이 죽어도 우는 사람 하나 없을 걸요. 난 당신 같은 사람은 되지 않겠어!"(29장)

10. "아니, 캐서린이야말로 지난 18년간 밤낮으로 나를 무자비하게 괴롭혔어. 어젯밤까지도 말이야. 그런데 난 어젯밤에 아주 편안해졌어. 내 심장이 멎더니 내가 캐서린의 뺨에 내 뺨을 맞대고 캐서린 곁에서 마지막으로 자는 꿈을 꾸었지."(29장)

모범답안; 1. 록우드가 밤을 보냈던 방에서 창밖으로 히스클리프가 캐서린의 유령에게.
2. 히스클리프가 엿듣는 내용. 캐서린이 넬리에게.
3. 자기와 히스클리프의 사랑을 설명하면서 캐서린이 넬리에게.
4. 히스클리프와 자기 중 한 사람을 선택하라며, 에드가가 캐서린에게.
5. 의식이 혼란스러운 상태에서, 캐서린이 히스클리프에게.
6. 캐서린의 침대 머리맡에서 용서를 구하며, 히스클리프가 캐서린에게.
7. 히스클리프가 캐서린의 영혼에게.
8. 캐시를 워더링 하이츠로 끌어들이고 난 후, 린튼이 캐시에게.
9. 히스클리프가 스러시크로스 그레인지에서 워더링 하이츠로 캐시를 데려가려고 왔을 때, 캐시가 히스클리프에게.
10. 수년 만에 처음으로 평화로이 쉬게 된 것에 대해 히스클리프가 넬리에게.

1. 〈워더링 하이츠〉는 사랑에 관한 소설인가? 만약 그렇다면, 어떤 종류의 사랑인가? 주제는 무엇인가?

2. 넬리와 록우드가 주요 화자이지만 다른 등장인물들(에드가 제외) 또한 한 장(章) 혹은 두 장에 걸쳐 화자의 역할을 한다. 〈워더링 하이츠〉에 나오는 등장인물의 관점을 들여다보는 데 부족한 점은 무엇인가?

3. 워더링 하이츠와 스러시크로스 그레인지를 비교, 대조해 보라.

4. 〈워더링 하이츠〉에서 초자연적인 힘은 어떤 역할을 하는가?

5. 이 소설 전체에 걸쳐 짝을 이루는 쌍이 여럿 있다. 가장 중요한 이중성은 무엇인가? 세대 간의 대칭을 창조함으로써 브론테가 얻고자 한 것은 무엇인가? 잃은 것은 무엇인가?

잘못된 사랑은 모두를 불행하게 한다 ●

실전 연습문제 ●

一以貫之는 '논어'에 나오는 말로 '모든 것을 하나의 이치로 꿰다'는 뜻입니다.

논술의 주제와 문제 유형, 제시문들은 참으로 다양하고 가지각색입니다. 그러나 그 모든 것을 하나로 꿸 수 있습니다. '인간사회의 보편적 문제들에 대한 근원적인 물음에 답하는 자기 나름의 견해'라는 것이지요. 논술은 인간이면 누구나 부딪히는 개인적 또는 사회적 문제들에 대한 자기 나름의 고민이자 성찰입니다. 논술은 자기견해, 자기 가치관, 자기 삶에 대한 솔직한 고백입니다.

一以貫之 논술연구모임은 '자신의 물음'과 '자신의 생각'을 갖고 '자신의 글'을 쓸 수 있도록 도와줍니다.

〈집필진〉
우효기, 이호곤, 박규현, 김법성, 김재년, 김병학, 도승활, 백일, 우효기, 조형진

잘못된 사랑은 모두를 불행하게 한다

플라톤의 〈향연〉에 나오는 '인간에 관한 환상적 이야기'
에 따르면 원래 자웅동성인 인간이 있었는데, 제우스 신이 그
오만방자한 모습을 참지 못해 둘로 잘라 지금의 남자, 여자의
모습을 하게 되었다고 한다. 인간의 본래 상태가 이렇게 둘로
나뉘어졌기 때문에 그 각각은 자기 자신의 또 다른 반쪽을 갈
망하면서 합일을 원하게 되었고, 상대방 없이는 아무것도 하
려 하지 않아서 죽을 지경에 이르기까지 되었다. 이러한 상태
를 우리는 흔히 남녀 간의 사랑이라고 말한다. 이처럼 플라톤
이 바라본 사랑은 무엇인가 자신에게 결핍된 것을 채우려는
욕망이다. 따라서 기본적으로 서양 정신에서 바라본 사랑이
대상에 대한 욕망이라면 이러한 사랑에 대한 욕구가 과도하게
나타날 때 사랑하는 사람을 자신의 욕망충족의 도구로 억압하
는 모순을 띠게 된다. 그러나 상대를 끝없이 원하지만 결코 그
것을 가질 수는 없는 이유로 사랑의 신 에로스는 본질적으로
질투를 기본 속성으로 삼을 수밖에 없다. 에밀리 브론테의 〈위
더링 하이츠〉 속에서 우리는 두 남녀, 히스클리프와 캐서린의
사랑을 통해 또 다시 이러한 사랑의 비극을 확인하게 된다.

사랑을 가로막는 장벽들

이 소설에서 우리는 작가의 언니 샬럿 브론테의 〈제인 에

어〉와 동일한 시대 배경의 흔적을 쉽게 발견한다. 한마디로 그것은 남성, 백인, 기독교, 그리고 신분 계급이 강고하게 지배하고 있는 18, 19세기 영국 사회의 모습이다. 달라진 것이라면 〈제인 에어〉에서 제인 에어가 낮은 신분의 여성으로 등장했다면, 〈워더링 하이츠〉에서 캐서린은 최상류층은 아니지만 이보다는 사회적 지위가 나은 여성으로 나온다는 점이다. 그리고 외모나 성격에서도 캐서린은 제인 에어보다 훨씬 아름답고 활달하다. 이런 점에서 보면 남성 중심의 시대 배경 속에서 〈워더링 하이츠〉의 작가는 캐서린 같은 여성을 통해 여성의 지위를 한 차원 높였다는 평가도 가능하겠다. 제인 에어가 로체스터의 사랑을 수동적으로 기다리는 입장에 놓여 있는 반면, 캐서린은 자기 입장을 분명하게 밝히는 당찬 여성으로 나오기 때문이다.

"천국은 내가 갈 곳이 아닌 것 같다고 말하려 했을 뿐이야. 나는 지상으로 돌아오려고 가슴이 터질 만큼 울었어. 그러자 천사들이 몹시 화를 내며 나를 워더링 하이츠의 꼭대기에 있는 벌판 한복판에 내던졌어. 거기서 나는 기뻐서 울다가 잠이 깼지. 이것이 다른 것과 마찬가지로 내 비밀을 설명해 줄 거야. 나는 천국에 가지 않아도 되는 것처럼, 에드가 린튼과 꼭 결혼할 필요도 없는 거지. 저 방에 있는 저 고약한 사람이 히스클리프를 저렇게 천한 인간으로 만들지 않았던들 내가 에드가와 결혼하는 일 같은 것은 생각지도 않았을 거야.

그러나 지금 히스클리프와 결혼한다면 격이 떨어지지. 그래서 내가 얼마나 그를 사랑하고 있는가 하는 것을 그에게 알릴 수가 없어. 히스클리프가 잘생겼기 때문이 아니라, 넬리, 그가 나보다도 더 나 자신이기 때문이야. 우리의 영혼이 무엇으로 되어 있든 그의 영혼과 내 영혼은 같은 거고, 린튼의 영혼은 달빛과 번개, 서리와 불 같이 전혀 다른 거야.”

　　여기서 캐서린은 자신이 히스클리프가 아닌 에드가 린튼을 선택하는 불가피한 상황을 설명하고 있다. 마음속으로는 히스클리프를 사랑하고 있지만, 사회적으로 봤을 때 에드가 린튼과 결혼하는 것이 자신에게 더 유리하다는 거다. 히스클리프와의 결혼은 다소 격이 떨어진다는 걸로 봐서 히스클리프의 신분이나 지적 능력이 다소 미흡하다는 점을 짐작할 수 있다. 왜 그렇게 되었을까? 캐서린은 그 이유를 ‘저 방에 있는 저 고약한 사람’이 그렇게 만들었다고 한다. 그 사람은 바로 오빠 힌들리이고, 그 오빠는 바로 백인으로 대표되는 기득권을 가진 백인 남성을 의미한다. 반면, 히스클리프는 신분을 알 수 없는 고아다. 더구나 피부가 다소 검다는 사실로 미루어 동인도인이거나 아메리카인 또는 스페인인이 버린 것으로 짐작된다. 힌들리는 신분을 알 수 없는 히스클리프란 외부적 존재를 가족의 일원으로 받아들일 수 없는 것이다. 따라서 아버지가 죽고 나자, 그는 곧바로 히스클리프를 하인의 신분으로 내

친다. 그 후 히스클리프는 교육이나 교양과는 전혀 거리가 먼 세계 속에서 자라났고, 결국 사회적 신분과 배경의 측면에서 에드가 린튼 집안과는 비교가 안 되는 존재가 되었다.

당시의 견고한 사회 배경 속에서 사회 최하층 신분인 히스클리프는 이처럼 철저히 차별받고 천대받는 존재로 자란다. 심지어 사랑하는 캐서린에게까지 모욕을 당하게 된다.

이렇게 어떤 사회적 조건을 염두에 두고 남성을 선택한다는 점에서 본다면 캐서린은 제인 에어에 비해 덜 순수하다. 제인 에어가 로체스터가 처해 있는 불행한 처지에서도 그를 끝까지 사랑할 수 있었다면, 캐서린은 당장의 사회적 신분 상승을 결혼의 첫째 조건으로 삼은 것이다. 한국 현대 소설에서는 염상섭의 〈두 파산〉에 등장하는 옥임이가 캐서린과 닮았다. 좀더 거슬러 올라가 우리의 옛 이야기 속에서는 이와 정반대의 이야기가 전해 온다. 바로 낙랑공주와 호동왕자의 이야기다. 조건 없이 사랑 하나로 한결같았던 낙랑공주에 비해 호동왕자는 얼마나 계산적인 인물이었던가? 낙랑공주는 자신과 호동왕자의 사랑 사이에 개입하는 일체의 요소를 배제하려 했다. 그녀가 국가를 지켜주는 자명고마저 찢어버릴 수 있었던 것은 그녀에게는 국가도, 아버지도, 그리고 공주라는 신분도 사랑의 관계에서는 전혀 중요하지 않았기 때문이다. 만약 이런 것들이 사랑에 간섭하려고 한다면, 그녀는 그것들을 거부할 수 있는 용기를 지녔던 것이다. 그러나 사랑하는 이들이 모두 그 사랑이라는 사건 자체에만 충실할 수 없다는 것이 사랑의 가장 큰 비극이 아닐까? 호동왕자는 국가에 대한 충(忠)과 아버지에 대한 효(孝)가, 낙랑공주와의 사랑보다도 상위에 놓여 있었기에 낙랑공주의 사랑을 이용할 수 있었다.

이처럼 진정한 사랑을 방해하는 것들은 사랑을 목적이 아닌 수단의 차원에서 바라보게 한다. 즉 사랑을 통해 존재 간의 온전한 만남을 추구하는 것이 아니라, 이를 통해 자신이 추구하는 뭔가를 소유하고자 하는 것이다. 따라서 캐서린은 당대의 백인, 기독교가 지배하는 시대에서 자기보다 신분이 좋은 에드가 린튼과 결혼하게 된다. 이처럼 사회적 계급의 관점에서 모든 세계를 바라보는 시각은 그녀의 오빠 힌들리에게서 더욱 분명하게 드러난다.

애정에서가 아니라 자부심에서 서방님은 누이가 린튼 가문에 시집가서 당신 집안을 명예롭게 해주기를 열렬히 바라고 있었어요. 그리고 누이가 자기에게 방해만 되지 않으면 우리들을 노예처럼 짓밟아도 모르는 척했지요.

가문의 영광을 위해서는 가문 이외의 것은 모두 노예와 같은 열등한 것으로 다가온다. 그러나 최상의 자리에 진정한 사랑이 아닌 가문의 영광을 둔 대가는 히스클리프의 집요한 복수로 이어진다. 우리가 마치 조건과 상황에 따라 진정한 욕망대로 살지 못했을 때 밀려오는 후회나 불행처럼.

잘못된 사랑은 복수로

사랑과 미움 또는 복수는 동전의 양면과 같은가? 사랑을 시작하는 단계에서나 사랑이 종착지에 도달한 이들에게서나 이러한 양상을 엿볼 수 있다. 사랑을 시작하는 단계에서 우리는 대개 얼마나 많은 뜸을 들이는가? 김유정의 〈동백꽃〉에 나오는 산골 아이들의 모습 속에서 우리는 사랑을 전달하는 것의 어려움을 목격한다. 닭싸움을 통해 에둘러 사랑을 표현하는 통에 애꿎은 닭들이 고생하지만, 이들은 결국 서로의 감정을 동백꽃 속에서 확인하게 된다. 이처럼 소박한 사랑의 표현에서도 언제나 어느 정도의 갈등 과정이 내재되어 있다. 한편, 사랑의 관계가 끝났을 때는 보다 냉랭한 모습이 우리를 기다린다. 부부가 이혼했을 때 남보다 더 못하다는 말이 있듯 사랑의 끝은 생각보다 더 큰 불행을 가져다주기 십상이다. 서로의 가슴에 남겨준 상처에 비례해 미움이 더 커지는 건지도 모른다.

그러나 이보다 더 불행한 경우는 사랑이 이루어지지 못한 결과 초래되는 복수일 것이다. 히스클리프가 캐서린과의 사랑을 이루지 못한 후, 그리고 캐서린이 죽은 후, 벌이는 복수는 사랑의 복수가 얼마나 끔찍하고 잔인할 수 있는지를 잘 보여준다. 도대체 그에게 캐서린과의 사랑이 어떠한 것이었기에 그 같은 복수가 가능했을까?

"… 나의 장래는 단 두 마디면 족할 거야. 죽음과 지옥. 캐서린을 잃어버린 뒤의 내 삶이란 지옥일 거야. 그러면서도 한때는 어리석게도 캐서린이 나의 애정보다도 에드가 린튼의 애정을 더 소중히 여긴다고 생각한 적이 있었지. 설사 그가 그 빈약한 몸집으로 온 힘을 다해 사랑한대도 그의 팔십 년 동안의 사랑은 내 하루 동안의 사랑에도 미치지 못할 거야. 그리고 캐서린은 나와 마찬가지로 속이 깊은 사람이지. 그러니 그 애정을 에드가가 송두리째 차지한다는 것은 바닷물을 말죽통에 담을 수 있다는 거나 마찬가지야. 쳇! 그 녀석은 캐서린에게 개나 말보다 더 소중할 것도 없지. 나처럼 사랑받을 거라곤 없다고. 사랑할 게 없는데 캐서린이 어떻게 그를 사랑하지?"

캐서린이 히스클리프와의 사랑이 없는 천국을 거부했듯, 히스클리프 역시 캐서린과의 사랑 없는 세상을 죽음과 지옥에 견주고 있다. 그러나 문제는 이러한 사랑은 타인의 사랑을 전혀 인정할 수 없다는 점에서 너무도 자기중심적이다. 에드가 린튼의 사랑 역시 소중할 터인데, 이를 개나 말에 비교하고 있으니 말이다. 이처럼 에로스적 욕망에 사로잡혀 사람을 대하는 사람은 참된 의미에서 인간을 사랑하는 것을 배우지 못하고 오직 타인의 주인이 되거나 아니면 노예가 되기 쉽다. 즉 타인과의 관계에서도 참된 자유, 참된 우정을 이루지 못하고 왜곡된 관계를 가질 수밖에 없는 것이다.

그러한 경우를 우리는 현진건의 〈B사감과 러브레터〉에

서도 확인할 수 있다. 여학생들의 러브레터를 검열하는 B사감의 외적 엄격성이 자신의 내적 본능과 어울리지 못할 때 기숙사 구성원 모두의 삶의 불행으로 이어지듯이 히스클리프의 내면에 자리 잡은 캐서린에 대한 사랑과 열정이 사회적 분노로 표출될 때 자신과 자신을 둘러싼 사회관계의 정상적인 소통을 가로막는 장애물로 드러난다. 그리고 이것은 히스클리프 자신의 불행이며, 많은 주변 사람들, 즉 힌들리, 에드가 린튼, 캐서린, 이사벨라, 그리고 그들 사이에서 태어난 2세대 자식들의 삶 전체의 불행으로 다가온다.

"여기에 탁자를 둘 놓아, 엘렌. 하나는 지체 높으신 주인과 이사벨라 아가씨를 위해서, 그리고 또 하나는 신분이 낮은 히스클리프와 나를 위해서."

남편 에드가 린튼이 히스클리프에게 보인 차별적 태도에 대해 캐서린이 자리를 따로 마련하자며 빈정대는 말이다. 이미 계급적 선긋기가 이 정도까지 진행되면 양자의 관계 회복은 상당히 요원해진다. 그러나 이 정도의 선긋기는 애교에 불과하다. 캐서린이 죽은 후, 히스클리프는 자신을 둘러싼 모든 사회적 차별에 대해 개인적 차원에서 하나씩 복수를 실행해 나간다. 이제 그에게는 모든 사람의 불행이 곧 삶의 목표가 되어버린 듯하다. 힌들리에게 당한 불행만큼 그 아들 헤어튼에게 그대로 돌려주고, 자신을 사랑하는 한 여성(이사벨라)의 순수한 사랑을 헌신짝처럼 뭉개버리는가 하면, 병든 아들을 이용해서 에드가 린튼 집안을 손아귀에 넣고, 이제 쓸모가 없어진 아들이 죽어가는 것도 방치해 두는 모습은 한 병든 영혼의 병적인 복수에 불과하다 할 수 있다. B사감의 웃음이 비애로 다가오듯 히스클리프의 복수 역시 몹시 슬픈 풍경으로 다가온다.

오직 한 사람을 향한 순수한 사랑이 이렇게 불행한 복수로 드러난다는 점에서 우리는 제대로 된 사랑이 얼마나 중요한지 알 수 있다.

① "다만 캐서린한테서 병세가 어떠하며 왜 병을 앓고 있는지 직접 듣고 내가 도울 수 있는 게 있는지 묻고 싶은 거야."

② "… 나는 오직 저이가 악마 같은 집념을 버리고 나를 죽여주었으면 하고 바랄 뿐이야. 내가 생각해낼 수 있는 단 한 가지 기쁨이라고는 내가 죽거나 저이가 죽는 것을 보는 것뿐이야!"

③ "그의 손에 죽어도 좋다는 처음 생각이 지금은 없어졌어. 오히려 이젠 그가 자살이라도 했으면 좋겠어.

…

"정말 그는 사람이 아니야. 그런 인간은 이 세상에서, 그리고 내 기억에서 사라져버렸으면 좋겠어!"

①은 히스클리프가 캐서린의 하녀 넬리에게 부탁하는 말이다. 이 말을 보면 캐서린을 향한 히스클리프의 절절한 사랑이 듬뿍 느껴진다. 캐서린은 히스클리프에게 세상 어느 누구보다도 소중한 존재로서 그녀를 위해서라면 무슨 짓이든 할 수 있을 듯하다. 그러나 ②에서 이사벨라가 히스클리프를 평가하는 대목에서는 정반대의 모습을 발견할 수 있다. 히스클리프가 얼마나 그녀를 가혹하게 대했는지 충분히 짐작할 수 있다. 그래도 이때까지는 그에게 일종의 연민이라도 남아 있었지만 ③에 이르면 섬뜩한 저주밖에 보이지 않는다. 한 사람을 향한 병적인 집착은 그를 둘러싼 모든 관계를 파괴시켜버리는 결과를 초래하는 것이다.

인간 내면의 광기와 폭력성

① "히스클리프 씨, 당신은 아무도 사랑해 주는 사람이 없잖아요. 아무리 우리를 비참하게 만든다 하더라도 말이에요. 아저씨의 그 잔인한 성격은 아저씨가 우리보다 훨씬 비참하기 때문이라고 생각하면 마음이 풀려요. 아저씨는 비참해요. 그렇지 않아요? 악마같이 외롭고 시기심이 많은 거죠. 아무도 아저씨를 사랑하지 않아요. 아저씨가 죽어도 아무도 울어주지 않을 거예요!"

② "내가 바로 히스클리프야, 그는 언제까지나, 언제나 내 마음속에 있어. 나 자신이 반드시 나의 기쁨이 아닌 것처럼 그도 그저 기쁨으로서가 아니라 나 자신으로서 내 마음속에 있는 거야."

①은 억지로 히스클리프의 며느리가 된 캐시가 히스클리프에 대해 하는 말이다. 그녀는 모든 사람들이 히스클리프를 두려워하고 대화를 꺼려할 때 유일하게 그에게 사랑이 없어 비참하다고 직설적으로 말하고 있다. 자신의 사랑을 위해 복수하고 있는 히스클리프의 사랑의 방식 속에는 정작 사랑이 빠져 있다는 모순을 지적한 것이다. 이러한 솔직함은 ②에서 그녀의 어머니에게서도 발견된다. 히스클리프와 자신이 기쁨을 포함한 감정과 영혼을 함께하는 인격적 관계임을 고백하고 있는 것이다. 진정한 사랑이란 이처럼 서로가 주체로서 만나 대등하게 어울리는 관계 속에서 가능하다. 그렇다면 이제 히스클리프의 사랑의 방식이 지향해야 할 방향은 무엇일까? 우선 대상에 대한 집착을 내려놓고 서로를 포용하는 마음에서부터 출발해야 할 것이다. 이러한 포용은 서로를 이해하는 순간 가능해진다. 만약 서로에 대한 이해가 제대로 이루어지지 않을 때 우리는 서로 경계하고 두려움에 싸여 서로를 적대시할 뿐만 아니라 나아가 폭력을 행사하기도 한다.

그렇게 말하면서 창을 들여다보는 어린아이의 얼굴이 희미하게 떠올랐다. 겁을 먹은 나는 순간 잔인해졌다. 아무리 뿌리치려 해도 소용이 없기에, 그 아이의 팔목을 깨진 유리로 끌어당겨 이리저리 문질러댔다. 그러자 피가 흘러 침구를 적셨다. 그 아이는 "들어가게 해 주세요!" 하고 울부짖으며 그리도 악착같이 내 손을 붙잡고 놓지 않았다. 나는 공포로 거의 미칠 지경이었다.

소설 전반부에 집을 임대하러 온 록우드가 워더링 하이츠에서 겪는 한밤중의 악몽은 이러한 상황을 미리 암시하고 있는 듯하다. 인간이 무의식중에 드러내는 폭력성은 대상에 대한 불분명한 공포 속에서 누구에게나 가능한 것으로 드러난다. 이는 히스클리프에게도 마찬가지고, 우리 모두에게도 언제나 가능한 모습일 것이다. 작가는 이러한 인간의 무의식이나 불분명한 삶의 영역들을 작중에서 여러 형태로 배치해 두고 있다. 특히 무덤을 둘러싼 이야기나 삶과 죽음을 초월한 듯한 몽환적 분위기는 그와 같은 효과를 준다.

이슥한 밤에 아기가 울면
무덤 속 어머니가 엿들으시고

이처럼 심지어 하녀 넬리는 어린 헤어튼을 재울 때 음산한 자장가를 불러주기까지 한다. 사실 넬리는 작중 화자로서 거의 대부분의 얘기를 우리에게 들려주면서도 사건의 결정적인 대목을 좌지우지하며 때론 사건을 악화시키기도, 때론 사건을 풀어나가기도 한다. 전체적으로 봐서 주위 사람들을 대하는 그녀의 모습은 앞의 노래만큼이나 어둡다.

"아씨는 까무러쳤거나 돌아가신 거야. 그렇다면 오히려 잘된 거지. 주위 사람들 모두에게 짐이 되고 불행을 가져오는 사람으로 살아 있기보다는 돌아가시는 게 훨씬 낫지." 저는 생각했어요.

캐서린이 의식을 잃었을 때 넬리가 보이는 반응은 참으로 냉정하고 모질기까지 하다. 함께 20년 가까이 살아온 자기 집 주인이자 친구인 캐서린을 대하는 태도를 미루어보면 그녀가 타인을 대하는 태도가 어떠한지 어느 정도 짐작할 수 있다. 타인에 대한 배려의 부족은 그녀가 사건을 악화시키는 데도 결정적인 작용을 한다. 그녀를 믿고 솔직히 들려준 많은 이들의 비밀을 거의 매번 폭로하고 마는 것이다. 다소 입이 가벼운 여자, 그녀의 이미지는 이렇게 다소 부정적이다. 그래서 이렇게 두꺼운 소설의 화자로 선정되었는지도 모르겠지만.

저는 아가씨 방에서 곧장 서방님 방으로 가서 린튼 도련님과 했다는 이야기와 헤어튼에 관한 것만 빼고는 제가 생각한 바를 모조리 말씀드리고 말았답니다.

항상 고자질하는 여자로서 넬리가 신용을 잃었다면 또 하나의 문제 있는 인물로 조지프 영감을 꼽을 수 있다. 아래의 넬리의 평가에서도 알 수 있지만 그는 작가가 당시 기독교의 위선적인 면을 고발하기 위해 선정한 인물인 듯하다.

주인님께서도 거기 가셨을 때 조지프를 보셨겠지요. 그 영감은 아직도 필시 그러하겠지만 기막히게 성가시고 잘난 체만 하는 위선자로 언제나 성경 구절을 끄집어내어 자기에게만 유리하게 이야기하고 주위 사람들을 저주했었지요. 설교와 경건한 이야기에 재주가 있어서 그는 언쇼 어른을 탄복시키곤 했어요. 그래서 그는 주인어른이 쇠약해지면 쇠약해질수록 더욱더 방자해졌답니다.

위에서 조지프 영감은 기독교 교리를 자기 방식대로 해석하며 타인의 삶을 함부로 재단하고 비판하는 인물로 그려진다. 종교가 삶을 변화시키지 못하고 경전 위주로 철저히 형식화·교리화되어 갈 때 어떤 폐단을 낳는지 잘 보여주고 있는 것이다. 그렇다면 이러한 종교 문제는 이 소설 전체의 문제 해결과도 무관하지 않다.

진정한 사랑은 용서에서 시작된다

그는 '일흔 번씩 일곱 번'이라는 문구를 자기 나름으로 해석하면서 신도는 그때 그때 다른 죄를 범해야 할 필요가 있다는 듯이 이야기했다.

위에서 사이비 목사는 신약 성서의 '용서'에 대한 중요한 구절을 기상천외한 방식으로 재해석하고 있다. 사실 이 구절이야말로 이 소설의 중요한 메시지를 암시하고 있는 게 아닐까 싶다. '일흔 번에 일곱 번' 타인의 잘못을 용서하라는 것은 사실 끝없는 용서를 주문하는 예수의 가르침이지 않은가? 이는 곧 인간의 본성이 본질적으로 불완전성을 띨 수밖에 없다는 것을 의미하고, 이러한 서로에 대한 관용과 이해를 바탕으로 할 때 상호간의 존중과 진정한 사랑이 가능하다는 메시지일 것이다. 그렇다면 히스클리프의 복수 행위는 '일흔 번의 일곱 번'에 대한 잘못된 해석을 실천한 게 아닐까? 그리고 이제 그러한 행위를 멈출 수 있는 유일한 방법은 이러한 성경 구절의 원래 의미를 회복하는 데서 찾아야 하고, 그것은 바로 누구든지 뭔가 용서와 관용을 행하는 데서 출발해야 할 것이다. 가장 먼저 이러한 관용의 정신을 실천해 나가는 사람은 캐시이다. 바로 가장 가까이 있는 사람에 대해서.

　그러자 아씨는 살그머니 일어나 사촌 옆으로 가더니 조용히 앉는 것이었어요. 도련님은 몸을 떨며 얼굴을 붉혔어요. 그의 거칠고 무뚝뚝한 굳은 표정은 말끔히 가셨지요. 처음에는 아씨의 묻고 싶어 하는 표정이며 속삭이는 듯한 애원에 한 마디도 입을 열 용기를 내지 못했어요.

　"나를 용서한다고 말해, 헤어튼. 어서. 그 간단한 말 한 마디로 헤어튼은 나를 아주 즐겁게 해줄 수가 있단 말이야."

　도련님은 들리지 않는 소리로 무엇인가 중얼거렸어요.

　"그리고 내 친구가 되어주는 거지?" 캐시 아씨는 잇달아 물었어요.

"아니! 너는 죽을 때까지 매일 나 때문에 창피할 거야. 그리고 나를 알면 알수록 더 창피할 거야. 난 그게 참을 수가 없어."

"그래서 내 친구가 될 수 없다는 거야?" 아씨는 꿀같이 달콤한 미소를 지으면서 말하고는 도련님에게 바싹 다가서는 것이었어요.

…

제가 다시 돌아보았을 때, 그 두 사람이 무척 환한 얼굴로 도련님이 받은 책 내용을 내려다보고 있었기 때문에 양쪽의 협상이 잘 성립되어 조금 전까지도 원수였던 사이가 이제 굳은 동지가 된 것이 틀림없음을 알았답니다.

헤어튼은 워더링 하이츠에서 히스클리프가 가장 좋아하는 존재다. 자신을 괴롭힌 힌들리의 아들이라는 이유만으로 원수를 갚기 위해 전혀 교육을 안 시키고 하인처럼 대했던 거친 성격의 아이. 그러나 점차 자라면서 자신을 닮아가는 헤어튼의 모습에서 히스클리프는 자신의 어린 시절의 모습을 발견하며 만족스러워했던 것이다. 그런 헤어튼이 이제 캐시에게 마음의 문을 열게 되는 장면이다. 이러한 과정에서 중요한 것은 누군가가 먼저 닫힌 마음의 문을 열었다는 것이다. 이것은 곧 상대방에 대한 이해와 관심이 관용의 자세로 드러났음을 의미한다. 그리고 서로의 약점을 감싸고 배려하는 가운데서 진정한 화해가 가능하다는 것도 알 수 있다. 글을 읽지 못하는 무지한 헤어튼이 지레 자격지심으로 움츠러들 때 이를 무시하지 않고 이해하고 존중해 준 캐시의 자세가 있었기에 둘의 화해가 가능해진 것이다.

이제 두 사람의 화해는 곧 히스클리프의 복수가 실패했음을 의미한다. 2세대에 이르기까지 자기의 복수를 그대로 재현하려 했던 히스클리프였지만 그러한 목표는 캐시와 헤어튼의 용기 있는 화해와 용서 앞에 허물어져버렸던 것이다.

히스클리프의 넋두리

이제 생의 말년에 이른 히스클리프의 마지막 쓸쓸한 넋두리를 들어보기로 하자.

"… 내겐 오직 한 가지 소원이 있고, 내 몸과 능력이 그것을 성취하기를 열망하고 있어. 얼마나 오랫동안 그리고 얼마나 꿋꿋하게 그 소원의 성취를 열망했던지 나는 그것이 꼭 성취되리라고 믿고 있지. 그것도 얼마 있지 않아서 말이야. 그것을 위해 내 생애를 바쳐왔기 때문이지. 나는 소원이 성취되리라는 기대 속에 갇혀버린 거야. 내가 고백한다고 해서 구원을 받는 건 아니겠지. 하지만 이 고백이 내 성격의 알 수 없는 면에 대한 설명은 될 거야. 아, 젠장! 오랜 싸움이었지. 이제 끝장이 났으면 좋겠어!"

그가 그렇게 갈망하던 소원은 캐서린과의 영적인 재회

일 것이다. 그에게 캐서린과의 사랑은 삶의 유일한 희망이었고 구원이었기에 그 외의 나머지는 무의미했다. 이러한 그가 이제 자기가 지키려던 싸움이 끝장났으면 좋겠단다. 그녀와의 만남의 시간이 다가오고 있다는 얘길까? 그럼 이제 죽음이 얼마 안 남았다는 말일 것이다. 그런데 그가 지키려던 싸움을 위해 얼마나 많은 사람에게 잘못을 저질렀던가? 그는 그걸 뉘우치고 있을까?

"그리고 내 잘못에 대해서 뉘우치라고 하지만 난 잘못한 것이 없으니 뉘우칠 게 없어. 난 너무 행복하지만 아직 충분히 행복하진 못해. 내 영혼의 행복은 내 육체를 죽이고 있지만 영혼 자신은 만족하지 못하거든."

그는 아무래도 영(靈)에 속한 사람인 듯하다. 그것도 아주 지독할 정도로. 그래서 영혼의 행복을 위해 도움이 되는 일이라면 육(肉)적으로도 잘못이라고 볼 수 없다는 거다. 오히려 한술 더 떠서 아직도 영적으로 배가 고픈 모양이다. 죽기 전에 단식에 돌입해 육적으로 채울 수 없는 영적인 양식을 먹기 위해 마지막 몸부림을 다하는 것이다.

"목사는 올 것 없고 설교 같은 것을 할 필요도 없어. 사실 나는 내가 바라는 천국에 거의 와 있으니까. 그리고 남들이 원하는 천국은 나로서는 전혀 바라지 않고 또 가고 싶지도 않아!"

이제 거의 임박했다. 그의 눈에는 이미 천국이 보인다. 그 천국은 아마도 캐서린과 함께하는 나날일 것이다. 캐서린과 마찬가지로 그 역시 기존의 천국이 아닌 사랑하는 이와의 함께함을 천국이라 부른다.

이렇게 히스클리프는 캐서린의 곁으로 갔다. 자기들만의 천국으로. 그리고 그들의 천국은 여전히 사람들 곁에 머물러 있다.

때론 평온한 죽음으로.

"저렇게 조용한 땅 속에 잠든 사람들을 보고 어느 누가 편히 쉬지 못하리라고 상상할 수 있겠는가."

때론 아직도 사람들에게 공포의 대상으로.

"저기 저 산모퉁이에 히스클리프 씨와 웬 여자가 있어요. 무서워서 그 옆을 지나갈 수가 없어요." 그 애는 엉엉 울면서 말했어요.

그들의 천국이 그들만의 천국이 아니라 좀더 많은 이들과 평화롭게 공존하는 것이 되기 위해선 그들의 사랑의 방식이, 그리고 삶과 운명을 대하는 태도가 보다 성숙해질 때 가능할 것이다. 그리고 이는 오늘날 우리에게도 여전히 요구되는 바람직한 삶의 태도일 것이다.

다음 제시문을 토대로 이성 간의 사랑에서 중요한 것이 무엇인지 파악하고, 바람직한 사랑을 실현할 수 있는 방안에 대해 자신의 입장을 논술하시오.

(1)

"천국은 내가 갈 곳이 아닌 것 같다고 말하려 했을 뿐이야. 나는 지상으로 돌아오려고 가슴이 터질 만큼 울었어. 그러자 천사들이 몹시 화를 내며 나를 워더링 하이츠의 꼭대기에 있는 벌판 한복판에 내던졌어. 거기서 나는 기뻐서 울다가 잠이 깼지. 이것이 다른 것과 마찬가지로 내 비밀을 설명해 줄 거야. 나는 천국에 가지 않아도 되는 것처럼, 에드가 린튼과 꼭 결혼할 필요도 없는 거지. 저 방에 있는 저 고약한 사람이 히스클리프를 저렇게 천한 인간으로 만들지 않았던들 내가 에드가와 결혼하는 일 같은 것은 생각지도 않았을 거야. 그러나 지금 히스클리프와 결혼한다면 격이 떨어지지. 그래서 내가 얼마나 그를 사랑하고 있는가 하는 것을 그에게 알릴 수가 없어. 히스클리프가 잘생겼기 때문이 아니라, 넬리, 그가 나보다도 더 나 자신이기 때문이야. 우리의 영혼이 무엇으로 되어 있든 그의 영혼과 내 영혼은 같은 거고, 린튼의 영혼은 달빛과 번개, 서리와 불같이 전혀 다른 거야."

—에밀리 브론테 〈워더링 하이츠〉 9장

(2)

사랑의 이야기를 듣다 보면 계속 머릿속을 맴도는 의문, 답을 알 수 없을 만큼이나 무시무시한 질문이 있다. 그 이야기가 어떻게 끝날 것이냐 하는 의문이다. 이것은 마치 건강과 힘이 충만한 상태에서 자신의 죽음을 상상해 보려는 것과 같다. 사랑의 종말과 삶의 종말 사이의 유일한 차이는 후자의 경우에는 적어도 죽음 뒤에는 우리가 아무것도 느끼지 않을 것이라는 위안이 있다는 것이다. 그러나 관계의 끝이 반드시 사랑의 끝은 아니며, 더군다나 삶의 끝일 가능성은 거의 없다는 것을 아는 연인에게는 그런 위안이 없다.

—알랭 드 보통 〈왜 나는 너를 사랑하는가〉

(3)

사랑이란, '하나'의 지배가 균열되었을 때, '둘'이 생각되어지는 장소이다. … 사랑이란, 그 자체가 비-관계, 탈-결합의 요소 속에 존재하는 이 역설적 둘의 실재성이다. 사랑이란 그런 둘에의 '접근'이다. 만남의 사건으로부터 기원하는 사랑은 무한한 또는 완성될 수 없는 경험의 피륙을 짠다. 왜냐하면 이

둘은 만남의 사건으로부터 '하나'의 법칙으로는 환원할 수 없는 잉여를 구성하기 때문이다. … 사랑이란 것은 만남의 사건에 대한 충실성 속에서, 둘에 대한 진리의 생산이다.

— 바디우 〈철학을 위한 선언〉

(4)

그러자 아씨는 살그머니 일어나 사촌 옆으로 가더니 조용히 앉는 것이었어요. 도련님은 몸을 떨며 얼굴을 붉혔어요. 그의 거칠고 무뚝뚝한 굳은 표정은 말끔히 가셨지요. 처음에는 아씨의 묻고 싶어하는 표정이며 속삭이는 듯한 애원에 한 마디도 입을 열 용기를 내지 못했어요.

"나를 용서한다고 말해, 헤어튼. 어서. 그 간단한 말 한 마디로 헤어튼은 나를 아주 즐겁게 해줄 수가 있단 말이야."

도련님은 들리지 않는 소리로 무엇인가 중얼거렸어요.

"그리고 내 친구가 되어주는 거지?" 캐서린 아씨는 잇달아 물었어요.

"아니! 너는 죽을 때까지 매일 나 때문에 창피할 거야. 그리고 나를 알면 알수록 더 창피할 거야. 난 그게 참을 수가 없어."

"그래서 내 친구가 될 수 없다는 거야?" 아씨는 꿀같이 달콤한 미소를 지으면서 말하고는 도련님에게 바싹 다가서는 것이었어요.

...

　제가 다시 돌아보았을 때, 그 두 사람이 무척 환한 얼굴로 도련님이 받은 책 내용을 내려다보고 있었기 때문에 양쪽의 협상이 잘 성립되어 조금 전까지도 원수였던 사이가 이제 굳은 동지가 된 것이 틀림없음을 알았답니다.

—에밀리 브론테 〈워더링 하이츠〉 32장

다락원 명작노트 **041**

워더링 하이츠

펴낸이 정효섭
펴낸곳 (주)다락원

초판 1쇄 인쇄 2007년 6월 5일
초판 1쇄 발행 2007년 6월 12일

책임편집 안창열, 김지영
디자인 손혜정, 박윤지
번역 김선희
삽화 손창복

다락원 경기도 파주시 교하읍 문발리 509-1
Tel:(02)736-2031 Fax:(02)732-2037
(내용문의: 내선 520/구입문의: 내선 113~114)
출판등록 1977년 9월 16일 제300-1977-23호

Copyright © 2007, 다락원

출판사의 허락 없이 이 책의 일부 또는 전부를
무단 복제·전재·발췌할 수 없습니다.
잘못된 책은 바꿔 드립니다.

값 8,500원

ISBN 978-89-5995-156-7 43740

〈행복한 명작 읽기〉는 기초가 약한 영어 초급자나 초, 중, 고 학생들이 보다 즐겁고 효과적으로 명작들을 읽으며 독해력을 키울 수 있도록 개발된 독해력 증강 프로그램입니다.

책의 특징

1 골라 읽는 재미가 있다. 초보자를 위한 350단어 수준에서 중고급자를 위한 1,000단어 수준까지 5단계 구성.

2 단계별로 효과적인 영어 읽기 요령과 영문 고유의 참맛을 느낄 수 있는 장치가 곳곳에.

3 읽기만 해도 영어의 키가 쑥쑥 - 해석을 돕는 돼지꼬리( ), 영어표현 및 문법 설명, 퀴즈가 왕창.

4 체계적인 듣기 학습까지. 전문 미국 성우들의 생동감 넘치는 원음을 담은 오디오 CD 제공.

국판 | **Grade 1, 2, 3** 각권 6,000원
(오디오 CD 1개 포함)

Grade 4, 5 각권 7,000원
(오디오 CD 1개포함)

*어린왕자 8,000원
(오디오 CD 2개 포함)

**고도를 기다리며 9,000원
(오디오 CD 2개 포함)

✖ 왕초보 기초다지기 ✖

쉬운 영문을 통해 영어 독해에 대한 막연한 두려움을 없앤다.

Grade 1　Beginner

350 words

1　미녀와 야수
2　인어공주
3　크리스마스 이야기
4　성냥팔이 소녀 외
5　성경 이야기 1
6　신데렐라
7　정글북
8　하이디
9　아라비안 나이트
10　톰 아저씨의 오두막

Grade 2　Elementary

450 words

11　이솝 이야기
12　큰 바위 얼굴
13　빨간머리 앤
14　플랜더스의 개
15　키다리 아저씨
16　성경 이야기 2
17　피터팬
18　행복한 왕자 외
19　몽테크리스토 백작
20　별 | 마지막 수업

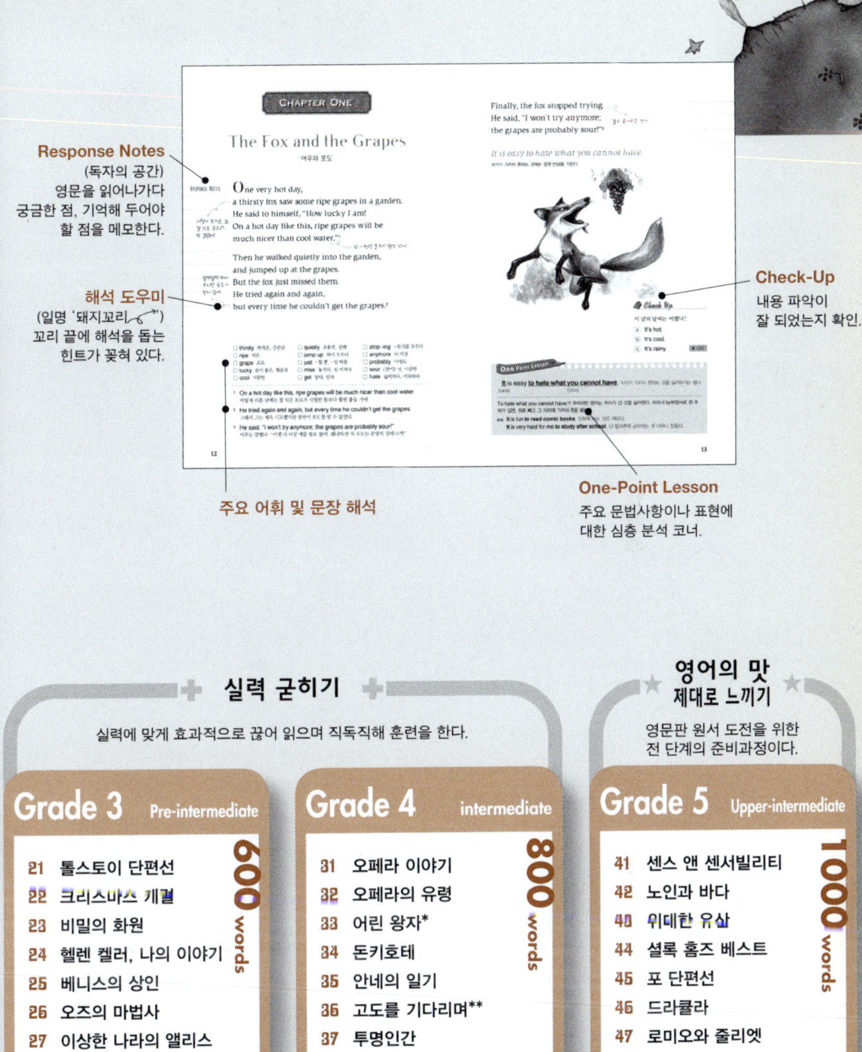

Response Notes
(독자의 공간)
영문을 읽어나가다
궁금한 점, 기억해 두어야
할 점을 메모한다.

해석 도우미
(일명 '돼지꼬리')
꼬리 끝에 해석을 돕는
힌트가 꽂혀 있다.

주요 어휘 및 문장 해석

Check-Up
내용 파악이
잘 되었는지 확인.

One-Point Lesson
주요 문법사항이나 표현에
대한 심층 분석 코너.

+ 실력 굳히기 +

실력에 맞게 효과적으로 끊어 읽으며 직독직해 훈련을 한다.

★ 영어의 맛 ★
제대로 느끼기

영문판 원서 도전을 위한
전 단계의 준비과정이다.

Grade 3   Pre-intermediate

600 words

- 21 톨스토이 단편선
- 22 크리스마스 캐럴
- 23 비밀의 화원
- 24 헬렌 켈러, 나의 이야기
- 25 베니스의 상인
- 26 오즈의 마법사
- 27 이상한 나라의 앨리스
- 28 로빈 후드
- 29 80일 간의 세계 일주
- 30 작은 아씨들

Grade 4   intermediate

800 words

- 31 오페라 이야기
- 32 오페라의 유령
- 33 어린 왕자*
- 34 돈키호테
- 35 안네의 일기
- 36 고도를 기다리며**
- 37 투명인간
- 38 오 헨리 단편선
- 39 레 미제라블
- 40 그리스 로마 신화

Grade 5   Upper-intermediate

1000 words

- 41 센스 앤 센서빌리티
- 42 노인과 바다
- 43 위대한 유산
- 44 셜록 홈즈 베스트
- 45 포 단편선
- 46 드라큘라
- 47 로미오와 줄리엣
- 48 주홍글씨
- 49 안나 카레니나
- 50 나에겐 꿈이 있습니다
  −명연설문 모음

콕콕 찍어 들려주는 명작 리스닝 시리즈 [전20권]

세계 명작소설을 쉽게 고쳐 쓴 중·고생용 학습 교재. 독해와 함께 청취력 향상을 위해 전 내용을 녹음하고, 매 페이지에 리스닝 포인트를 두어 한국인이 듣기 어려운 부분은 또박또박한 발음으로 반복해 들려준다. 권말에는 영어듣기 테스트를 수록해, 입시에서 점점 비중이 높아지는 듣기시험에 대비하도록 했다.

□ 각 권 4·6판/140면 내외
□ 정가: 각 권 5,800원 (테이프 2개 포함)

① 이상한 나라의 앨리스 / 백설공주와 일곱 난쟁이
Alice's Adventures in Wonderland /
Snow White and the Seven Dwarfs

② 이솝 우화
Aesop Fables

③ 그림 동화집 / 잭과 콩나무
Grimms Fairy Tales / Jack and the Beanstalk

④ 재미있는 이야기 / 미녀와 야수
Famous Stories / Beauty and the Beast

⑤ 알라딘과 요술램프 / 이른 아침의 살인
Aladdin and the Magic Lamp / Dead in the Morning

⑥ 오즈의 마법사 / 흑마 이야기
The Wonderful Wizard of Oz / Black Beauty

⑦ 걸리버 여행기 / 쉽게 번 돈
Gulliver's Travels / Fast Money

⑧ 거울 속의 앨리스 / 정원
Through the Looking Glass / The Garden

⑨ 피터 팬
Peter Pan

⑩ 큰 바위 얼굴 / 크리스마스 선물 / 알리바바와 40인의 도적들
The Great Stone Face / The Christmas Present /
Ali Baba and the Forty Thieves

⑪ 돈키호테 / 헨리 포드 이야기
Don Quixote / Tin Lizzie

⑫ 로빈 후드 / 어느 병사의 죽음
Robin Hood / Death of a Soldier

⑬ 신문 배달 소년 / 긴 터널 / 몰리의 순례자
Newspaper Boy / The Long Tunnel / Molly Pilgrim

⑭ 언덕 위의 집 / 헤라클레스
The House on the Hill / Hercules

⑮ 우주 도시로의 여행 / 요술 정원
Journey to Universe City / The Magic Garden

⑯ 마르코 폴로 / 크리스토퍼 콜럼버스 / 올리버 트위스트
Marco Polo / Christopher Columbus / Oliver Twist

⑰ 삼총사 / 레슬러
The Three Musketeers / The Wrestler

⑱ 불의 전차
Chariots of Fire

⑲ 런던 경시청 이야기 / 아서 왕
The Story of Scotland Yard / King Arthur

⑳ 도난당한 편지 / 붉은 머리 사교회 / 트래버스 씨의 첫사냥
The Stolen Letter / The Society of Red-Headed
Men / Mr. Travers First hunt

패턴 따라 쉽게 쓰는 틴틴 영어일기 1, 2

❶ 일상생활 패턴정복
❷ 학교생활 패턴정복

중학교에 다니는 여학생과 남학생이 각각 일상생활과 학교생활을 중심으로 1년간의 일을 쉽고 재미있게 쓴 영어일기. 중학생이라면 누구나 한번쯤 겪어봤을 만한 일들을 바탕으로 한 다양한 일기 소재와 어휘가 제공되어 있기 때문에, 영어일기를 통해 영작을 연습하려는 학습자에게 큰 도움이 될 수 있는 교재이다. 중·고생뿐만 아니라, 중학 영어를 미리 예습하려는 예비 중학생들에게도 아주 효과적인 영어 학습서로 강추!

□ 정미선 지음 / 4·6배 변형 / 192면
□ 정가 10,000원 (오디오 CD 1개 포함)

Teen Teen Diary (전3권)

❶ 매일 10단어로 뚝딱 중학생 영어일기

중1 수준의 어휘와 문장으로, 영어일기와 일상회화에 대한 감각을 익힌다.

□ 정미선 지음 / 신국판 / 144면
□ 정가 7,500원 (테이프 1개 포함)

❷ 매일 5문장으로 술술 중학생 영어일기

중2 수준의 어휘와 문장으로, 영어일기에 친숙해지고 자신감을 쌓는다.

□ 정미선 지음 / 신국판 / 152면
□ 정가 7,500원 (테이프 1개 포함)

❸ 매일 내맘대로 쓱싹 중학생 영어일기

중3 수준의 어휘와 문장으로, 중학영어를 마스터하고 미국의 일상회화에 익숙해진다.

□ 정미선 지음 / 신국판 / 144면
□ 정가 7,500원 (테이프 1개 포함)

지니의 미국생활 영어일기 Hello! America (전2권)

❶ 가을학기 ❷ 봄학기

어느 한국 여학생의 미국생활 이야기를 일기 형식으로 담은 책. 1권은 '가을학기', 2권은 '봄학기'편으로, 총 1년간의 미국 학교생활 및 일상생활에 관한 흥미로운 이야기들이 담겨 있다. 미국 학생들의 실생활을 바탕으로 한 탄탄한 스토리로 살아 있는 현지 영어와 미국문화를 체험할 수 있을 뿐만 아니라, 영어 독해 및 영작 연습을 할 수 있는 아주 유용한 교재이다.

□ 이지현 지음 / 국배판 변형 / 152면
□ 정가 8,500원

Notes